新媒体环境下
企业与用户信息
交互行为研究

韦雅楠 著

吉林大学出版社
·长春·

图书在版编目（CIP）数据

新媒体环境下企业与用户信息交互行为研究 / 韦雅楠著. -- 长春：吉林大学出版社，2021.7
ISBN 978-7-5692-8591-8

Ⅰ.①新… Ⅱ.①韦… Ⅲ.①企业管理—关系—用户—信息管理—研究 Ⅳ.①F272.7-39

中国版本图书馆CIP数据核字(2021)第147196号

书　　名：新媒体环境下企业与用户信息交互行为研究
XINMEITI HUANJING XIA QIYE YU YONGHU XINXI JIAOHU XINGWEI YANJIU

作　　者：韦雅楠　著
策划编辑：李卓彦
责任编辑：李潇潇
责任校对：高珊珊
装帧设计：刘　瑜
出版发行：吉林大学出版社
社　　址：长春市人民大街4059号
邮政编码：130021
发行电话：0431-89580028/29/21
网　　址：http://www.jlup.com.cn
电子邮箱：jdcbs@jlu.edu.cn
印　　刷：长春市中海彩印厂
开　　本：787mm×1092mm　　1/16
印　　张：12
字　　数：220千字
版　　次：2022年1月　第1版
印　　次：2022年1月　第1次
书　　号：ISBN 978-7-5692-8591-8
定　　价：58.00元

前　言

　　当前,企业在国民经济发展中发挥重要作用,"智能+"与全媒体奏响中国新媒体发展的序曲,越来越多的企业关注数据经济,利用各种新媒体平台与用户进行信息交互。如何借助新媒体优化企业与用户的信息交互行为过程,促进信息交互生态系统平衡,提高企业核心竞争优势成为企业发展的重要任务。交互是新媒体的基本特征,依托计算机、通信、数据分析等技术,新媒体的功能也越来越融合和多元。本书在梳理国内外相关文献基础上基于信息生态理论构建新媒体环境下企业与用户信息交互行为机理模型,根据机理模型结合本研究构建新媒体环境下企业与用户信息交互行为模型,从不同侧面分析企业与用户利用新媒体平台进行信息交互的行为特征、影响因素、评价体系、相关案例和引导策略等,帮助企业完善新媒体环境下的用户信息交互过程。

　　本书基于信息生态系统理论,综合文献分析、实证分析、社会网络分析和案例分析等方法探索新媒体环境下企业与用户信息交互的行为和规律。本书主要由八部分组成,第3章依托信息生态系统理论,深入分析新媒体环境下企业与用户信息交互行为机理,是全书的核心理论框架;第4章探索信息人因子,实证分析新媒体环境下企业与用户信息交互行为特征;第5和第6章基于信息生态系统理论实证分析新媒体环境下企业与用户信息交互影响因素和评价指标体系,第7章基于前述研究分析不同模式下的信息交互案例(第4章至第7章是第8章的实证和案例基础);第8章基于前述章节的研究结论,在信息生态系统理论的基础上提出新媒体环境下企业与用户信息交互的引导策略,是本文实践研究的关键点。

　　第3章依托信息生态系统理论,深入分析新媒体环境下企业与用户信息交互行为机理。本章构建新媒体环境下企业与用户信息交互行为机理模型,并在此基础上结合本研究构建新媒体环境下企业与用户信息交互行为模型。首先,分别对用户和企业利用新媒体进行信息交互的动机做分析,构建新媒体环境下企业与用户信息交互动机模型;其次,基于系统观视角探索企业与用户在新媒体环境下进行信息交互的全过程,内容包括企业与用户信息交互生态系统、生态位和过程链;

再次,提出信息交互主体、客体、环境和技术要素,构建新媒体环境下企业与用户信息交互生态要素模型;最后,在上述研究工作基础上构建新媒体环境下企业与用户信息交互机理系统模型和信息交互行为模型,为后续研究做好理论铺垫。

第4章以信息生态因子的信息人角度分析新媒体环境下企业与用户信息交互行为特征。本章基于SICAS模型构建新媒体环境下企业与用户信息交互行为特征模型,利用社会网络和语义分析法,分析三家汽车企业与微博用户的信息交互行为。具体来说,用社会网络分析法中的点度中心性指标分析信息交互中的转发与被转发行为;用中介中心性指标分析关注与被关注行为;用接近中心性指标分析评论与被评论行为;用特征向量中心性指标分析信息互动行为的凝聚性;用语义关键词词频分析信息互动词频。通过五个特征属性指标呈现新媒体环境下企业与用户信息交互的行为特征。研究结果表明,在实践中可以应用信息生态因子理论来分析新媒体环境下企业与用户信息交互行为特征。本章着重研究信息交互生态系统的关键要素信息人本体,与第5至7章相呼应,为第8章新媒体环境下企业与用户信息交互行为引导对策提供实证基础和理论依据。

第5章依托信息生态系统理论分析新媒体环境下企业与用户信息交互的影响因素。本章结合信息系统成功模型与沉浸理论,构建新媒体环境下企业与用户信息交互影响因素理论模型,选取代表性用户进行问卷调查。最后,运用探索性因子和结构方程模型,对所构建的概念模型进行验证。研究结果表明,用户个体认知、新媒体信息质量、新媒体服务质量、沉浸体验、新媒体系统质量对信息交互满意度有正向影响,按照影响程度由大到小依次为新媒体信息质量、用户个体认知、沉浸体验、新媒体服务质量和新媒体系统质量,用户新媒体信息交互满意度对信息交互行为有正向影响。本章分析信息生态系统各要素的作用机制,与第4、6、7章相呼应,为第8章新媒体环境下企业与用户信息交互行为引导对策提供实证基础和理论依据。

第6章依托信息生态理论对新媒体环境下企业与用户信息交互效果评价指标体系进行构建。本章采用层次分析法与模糊综合评价法从信息技术、信息、信息环境、信息人四个要素着手分析信息交互评价过程。基于信息人构建信息交互安全性、信息交互参与性两个一级指标,基于信息构建信息交互有用性、信息交互易用性两个一级指标,基于信息环境构建信息交互服务性一个一级指标,基于信息技术构建新媒体平台一个一级指标。研究结果表明,信息交互参与性、信息交互有用性、信息交互易用性是评价信息交互效果的主要指标。

本章分析信息生态系统各要素作用机制,与第4、5、7章相呼应,为第8章新媒体环境下企业与用户信息交互行为引导策略提供实证基础和理论依据。

第7章依托信息生态系统理论对新媒体环境下企业与用户信息交互模式及案例进行分析。本章基于信息人视角分析用户生成内容的交互模式,基于信息技术视角分析"智能+"信息技术交互模式,基于信息环境视角分析"线上+线下"信息交互模式。结合典型企业信息交互模式案例进行分析,探索不同信息生态位交互模式的特点。分析抖音短视频用户生成内容交互模式,百度"智能+"交互模式,海尔"线上+线下"交互模式,并对三种模式对比分析。本章以案例形式分析信息生态位作用机制,与第4、5、6章相呼应,为第8章新媒体环境下企业与用户信息交互引导策略提供案例基础。

第8章基于前述章节实证及案例研究结论提出新媒体环境下企业与用户信息交互行为引导策略。首先,基于信息人视角建议提高新媒体环境下企业信息管理综合水平,提升新媒体环境下用户信息综合素养。其次,基于信息技术视角建议提高企业新媒体应用水平和系统质量,提升企业综合信息技术服务水平。最后,基于信息环境视角建议提高新媒体环境下企业与用户信息交互服务水平,引导新媒体环境下的数字经济和信息消费升级。

本研究在理论层面推动了新媒体环境下企业与用户信息交互研究理论体系的构建,深化了新媒体在信息学领域的应用,探索了信息生态理论在新媒体领域的运行规律和原理,为企业利用新媒体与用户进行信息交互提供了理论依据;在实践层面,拓展了企业利用新媒体与用户进行信息交互的领域,提供了较为完善的实证分析及案例支持。在未来研究中,笔者将进一步基于信息生态系统理论,针对"智能+"领域展开信息交互行为研究,探索区块链技术、虚拟现实技术在企业与用户信息交互领域的应用,以推动信息交互理论纵深发展并在实践层面提升企业信息交互效果。

由于笔者理论水平和视角的局限性,本书难免会存在不足,还请广大读者朋友批评指正。此外,关于信息交互领域,也是一个不断开放和发展的课题,本书在这个课题上抛砖引玉,希冀有更多的专家在这个课题上发表见解,这样会更有利于信息交互产业的进步。

韦雅楠

2021 年 7 月

目　录

第 1 章　绪　论

1.1　研究背景与选题意义[①]

1.1.1　研究背景

（1）新媒体有助于提高信息消费水平

媒体是信息传播的媒介和手段，是人们在获取信息、传播信息、共享信息过程中使用的中间介质。传统意义的媒体，主要指报纸、杂志、广播、电视等。[②]随着以网络和数字技术为代表的信息技术快速发展，产生了以数字化为标签涵盖所有传统媒体、网络媒体、移动端媒体、数字电视、数字报刊等的新媒体形式。[③] 新媒体具有传统媒体不可比拟的优势，迅速并广泛地被应用于卫星通信、光纤图像、传真、通信、计算机网络、广播电视等。[④] 近年来，在国家自主创新推进网络建设的战略指引下，以新媒体为代表的数字经济持续快速发展。2019 年《中国数字经济发展与就业白皮书》指出，2018 年我国数字经济规模超过 31 万亿元，占 GDP（国内生产总值）的 35％，其中 20％来自数字产业化领域，占 GDP 的 7％。[⑤]

在国家战略主导下，企业顺应产业发展趋势，充分利用新媒体平台，从数字化战略、数字化生态、数字化人才、数字化运营、数字化服务、数字化创新、数字

① 基金项目：国家自然科学面上项目"信息生态视角下新媒体信息消费行为机理及服务模式创新研究"，项目编号：71673108。

② 王伟敏. 新媒体环境下图书馆服务拓展与深化研究[J]. 图书馆学研究，2013(17)：87-90.

③ 百度百科. 新媒体[EB/OL]. [2017-09-28]. https://baike.baidu.com/item/%E6%96%B0%E5%AA%92%E4%BD%93/6206? fr＝aladdin.

④ 冯昭奎. 新技术革命对日本经济的影响[J]. 机械与电子，1986(03)：30-32.

⑤ 新华网.《中国数字经济发展与就业白皮书（2019 年）》：各地数字经济发展成效显著[EB/OL]. [2019-04-19]. http://www.xinhuanet.com/comments/2019-05/07/c_1124461585.htm.

化技术、数字化绩效和数字化资产等领域完成企业的数字化转型,以新媒体为抓手推动企业全面发展。[①] 科学技术是第一生产力,新媒体作为典型的新兴科技,是距离生产、生活最近的信息传播渠道和平台,在数字政务、数字产业、数字文化、数字生活等领域带动经济发展和消费升级。随着信息技术不断飞跃,新媒体成为提高生产力水平、扩大消费市场,促进产业变革、拉动信息消费的新业态和新动力。

(2)新媒体有助于提高企业内外信息交互水平

近年来,国内外企业持续增加对新媒体技术的研发与应用,通过增强与用户的信息交互来增加企业竞争优势,提高客户服务水平。随着新技术在企业中的应用,这一现象也成为学者们研究的焦点。Gongjun Yan 等人认为由于技术的进步和全球化发展,世界各地的人们通过新媒体平台表达他们的观点变得更加便捷。企业和政府可以通过分析社交媒体平台上具有不同背景的用户的情绪得出结论,并以此帮助企业和政府了解用户,制定规划和发展策略。[②] Raphael Odoom 等人通过对新兴经济体的实证研究,分析企业利用大数据在社交媒体上积累的动机和绩效效益。研究表明,在基于产品和基于服务的中小企业中,社交媒体动机的相互依赖以及社交媒体使用的影响是积极的,但却是不稳定的。此外,提供实体产品的中小企业更有可能基于成本效益动机使用社交媒体,而服务型中小企业更有可能将交互性视为关键动机。[③] 孙璐以新型互联网企业代表小米公司为例,得出提高企业竞争优势的新举措是提高企业与用户的信息交互能力和效果。企业与用户的信息交互具备增值性、个性化、创造性、不易复制性,是企业运营规划整体竞争优势的新来源。[④] 王晰巍等人认为随着信息技术的发展,越来越多的企业通过新媒体平台与用户进行信息交互,通过对用户数据进行收集和分析了解用户信息需求,找出影响用户交互意愿的因素和

[①] 搜狐网.《2018 中国数字企业白皮书》隆重发布[EB/OL]. [2018 - 12 - 25]. https://www. sohu. com/a/284311620_425991.

[②] Gongjun Yan,Wu He,Jiancheng Shen,Chuanyi Tang. A bilingual approach for conducting Chinese and English social media sentiment analysis[J]. Computer Networks,2014(75):491 - 503.

[③] Raphael Odoom,Thomas Anning-Dorson,George Acheampong. Antecedents of social media usage and performance benefits in small-and medium-sized enterprises (SMEs)[J]. Journal of Enterprise Information Management,2017,3(30):383 - 399.

[④] 孙璐. 企业信息交互能力对价值共创及竞争优势的影响研究[D]. 哈尔滨:哈尔滨工业大学,2016.

行为规律,对企业有效服务消费者和挖掘消费者需求有重大的意义。①

（3）企业利用新媒体有助于更好地了解用户需求

新媒体是企业发展的引擎,是企业与用户进行信息交互不可或缺的技术手段,让企业与用户的链接不受时空限制,更加便捷高效。智能手机、平板电脑的普及为企业应用新媒体与用户进行信息交互提供了便利,新媒体技术的发展及日益丰富的平台种类提升了企业与用户的信息交互效果。② 相较传统媒体,新媒体更接近用户,具有移动性、交互性、个性定制等特点,是用户更倾向使用的交互方式。党的十九大报告指出,应充分发挥新媒体的优势,助推企业健康发展。研究表明,新媒体的发展和应用为企业、广播电视、新闻行业、教育、健康、法制、政府组织等带来了一轮新的挑战和机遇。在"智能+"与全媒体数字传媒、发展模式下,企业可以借助社交网络、短视频、小程序、网络直播等人工智能赋能的新媒体形式与用户进行全程媒体、全员媒体、全息媒体、全效媒体的信息交互。企业可以不受时间、空间的限制与用户进行信息互动,及时便捷地收集用户数据;采取的技术方式可为文字、图片(图像)、音频、短视频、长视频等,满足不同用户和不同场景;吸纳各个群体的用户类型,拓宽了用户范畴;极大地提升了信息交互的效果,准确分析用户信息行为,了解用户特征,挖掘用户需求,满足用户需求,增加用户黏性,提高用户满意度。③

1.1.2 选题意义

本研究兼具理论意义和现实意义。理论意义主要体现在本研究推动了新媒体环境下企业与用户信息交互理论体系的构建;基于信息生态视角构建新媒体环境下企业与用户信息交互行为特征模型,为新媒体环境下企业与用户信息交互研究提供了新的视角。现实意义主要体现在本研究推动了新媒体环境下企业与用户的信息交互生态平衡,有助企业了解新媒体环境下用户信息交互行为特征,并利用新媒体更好地加强与用户之间的信息互动,从而提高在新媒体环境下的竞争优势具有一定的指导作用。

① 王晰巍,李师萌,王楠阿雪,杨梦晴.新媒体环境下用户信息交互意愿影响因素与实证——以汽车新媒体为例[J].图书情报工作,2017,61(8):15-24.

② 郭宇,王晰巍,杨梦晴,李嘉兴.新媒体环境下企业知识共享模式研究——基于信息生态位视角[J].图书情报工作,2016,60(15):14-20.

③ 高源.新媒体在企业管理中的创新应用[J].企业改革与管理,2016,18(8):7.

1.1.2.1 理论意义

(1)深化新媒体在信息学领域的应用

新媒体作为信息传播的中介和手段,在信息学领域应用越来越广泛。新媒体助推信息学发展,信息学的发展带动新媒体不断更新,以适应环境变化和迭代。随着互联网、大数据、硬件配套等技术的发展,如何利用新媒体在信息的搜索、传播、分享、生产等环节发挥更大的作用,取得更好的效果,是本书在理论研究方面的主要任务之一。本书基于 SICAS 模型,结合新媒体环境下企业与用户信息交互的行为特征,构建了新媒体环境下企业与用户信息交互的行为模型;基于沉浸理论和信息系统成功模型,通过构建结构方程来找出影响新媒体环境下企业与用户信息交互的影响因素,并做实证分析;基于层次分析法与熵值法结合的最优赋权模型、模糊综合评价法来构建新媒体环境下企业与用户信息交互效果评价指标体系;基于信息生态理论分析新媒体环境下企业与用户信息交互的模式。综上,本研究推动了新媒体环境下企业与用户信息交互研究理论体系的构建。

(2)加快信息生态理论应用于新媒体领域的步伐

信息生态学的主旨是研究信息、信息技术、信息人和信息环境的平衡发展,是一种全局观。新媒体是信息产生、传递、消费、反馈等流程所使用的平台。这个过程产生了信息流,信息的流通包括正向流通和逆向流通,并且在流通中产生了信息和信息技术的关系、信息和信息人的关系、信息和信息环境的关系等多种衍生关系。用信息生态学理论来研究新媒体的信息系统生态,不仅是一种全局视角,更是一种全新视角。本书基于信息生态理论,研究信息生态各个因子之间的关系,并分析信息生态因子在新媒体环境下企业与用户信息交互的特征,影响交互的因素,以及评价交互的方法。本书将融合了信息传播理论与生态学理论的信息生态学应用于新媒体研究,构建了新的信息生态视角下的新媒体信息交互模型。

(3)为企业利用新媒体与用户进行信息交互提供一定的理论指导

企业利用新媒体与用户进行信息交互的目的是为了满足用户信息需求,提高用户信息交互满意度并最终提高企业的核心竞争优势。从全球范围来看,很多企业意识到了新媒体信息交互的重要性,也投入了大量的人力、物力、财力来研究如何通过新媒体提高与用户的信息交互效果。本研究通过梳理国内外新媒体环境下企业与用户信息交互的文献,着重从企业的角度分析如何利用新媒体与用户进行信息交互。新媒体应用遵循一定的规律,本书基于已有研究成果并融入信息生态理论构建信息交互模型、分析信息交互影响因素、构建评价指标体系,总结出用于分析企业与用户信息交互的方法,为企业利用新媒体与用户进行信息交互提供科学的方法和理论依据。

1.1.2.2 现实意义

(1)为企业利用新媒体进行信息交互提供新的视角

经济发展推动企业快速前进,信息技术促进新媒体蓬勃发展。企业将新媒体作为对外交互的信息通道,宣传企业文化、开展市场调研、发布企业信息、宣传企业产品、与用户进行信息交互、挖掘用户需求、满足用户意愿、收集有助于企业经营发展的策略从而提升企业形象,提高企业核心竞争优势。本研究正是从企业需求出发,从全新的视角对新媒体环境下企业与用户信息交互行为做了较为深入细致的分析。从企业、用户、新媒体平台、交互信息、信息技术、信息环境等全过程,多方位探索企业与用户信息交互的行为特征和规律。从新媒体的数字化、融合性、互动性、网络化等特点着手为企业利用新媒体与用户进行信息交互提出新的解决方案,助推企业加速数字化转型升级。

(2)为企业利用新媒体进行信息交互提供实证分析

本研究构建新媒体环境下企业与用户信息交户行为模型,运用社会网络分析法,利用 Gephy 软件分析了上海大众、一汽大众和东风汽车三家企业微博公众平台与用户信息交互的特征,使用"清博"词频统计软件对主要转发内容进行语义分析。探讨企业如何利用新媒体整合内外部资源,推动企业创新发展,提升企业核心竞争力。通过层次分析和模糊综合评价法构建新媒体环境下企业与用户信息交互效果评价指标体系,选取 10 家新媒体平台:新浪微博、腾讯微信、斗鱼、喜马拉雅、企鹅号、360 问答、映客、百家号、头条、知乎,进行实证分析。为企业构建可操作性较强的信息交互效果评价指标体系。

(3)为企业利用新媒体进行信息交互提供案例支持

案例研究是一种能够有助于企业从侧面了解信息交互的过程和规律的有效策略。本书在理论构建和实证研究的基础上对典型的信息交互模式进行案例分析。基于信息生态理论视角,在信息人交互模式下,分析了抖音短视频用户生成内容信息交互模式;在信息技术交互模式下,分析了百度"智能+"交互模式;在信息环境交互模式下,分析了海尔"线上+线下"社区交互模式。对上述不同交互模式的企业案例做对比分析,为新媒体环境下企业与用户进行信息交互提供可以借鉴的模式,为企业利用新媒体进行信息交互提供案例支持。

1.2 国内外研究现状

1.2.1 信息交互的知识图谱可视化分析

信息交互强调从用户角度出发,最大限度地满足用户的信息需求,使用户达到较好的体验。[①] 新媒体环境下的信息交互指用户通过各类社交软件及网络平台如微博、微信、BBS、Twitter、Facebook 等进行信息交互,交互行为包括发布信息、传递信息、共享信息,转发与被转发行为、关注与被关注行为、评论与被评论行为、点赞行为等。随着互联网技术的发展,大数据应用和 5G 时代的到来,企业和用户通过新媒体平台进行信息交互是目前和未来的主要互动方式,由此产生更多的新媒体平台,更实效的交互方式,对企业及用户的影响也越来越重要。知识图谱(Knowledge Graph)也称知识地图,是将知识可视化的工具。具体通过使用图形来表述知识的关系和动态结构,用可视化的方式呈现的过程。[②] 本书构建国内外信息交互研究知识图谱,以可视化的方式阐述相关领域研究现状。

(1)样本选择

本书以"信息交互"作为关键词在中国知网检索,检索结果显示在 2000 年 1 月 1 日至 2019 年 12 月 31 日共有 1643 篇文献,涵盖学科包括基础科学、工程科技、社会科学、信息科技、经济与管理科学、图书情报档案学科等。其中,图书情报档案学科文献共计 51 篇,占全部研究成果的 3.10%,说明图情学科在信息交互领域研究成果较少。在国内关于"信息交互"的研究中,计算机学科共发表研究成果 495 篇,占全部研究成果的 29.43%,是"信息交互"研究涉及的最主要领域。另外信息通信学科发表研究成果 194 篇,占 11.53%;电气工程学科发表研究成果 155 篇,占 9.22%;控制工程学科发表研究成果 106 篇,占 6.

[①] Gao B,Huang L. Understanding interactive user behavior in smart media content service:An integration of TAM and smart service belief factors[J]. Heliyon,2019,5(12):e02983.

[②] 王晰巍,韦雅楠,邢云菲,等.社交网络舆情知识图谱发展动态及趋势研究[J].情报学报,2019,38(12):1329-1338.

30%；交通运输学科发表研究成果 98 篇，占 5.83%。国内对信息交互的研究从 2000 年的 12 篇，历经 2002 年、2005 年、2007 年、2015 年、2018 年和 2019 年 6 个年度的小幅下降，其余年份持续上升，在 2017 年文献数量达到峰值 158 篇。可以看出，国内在信息交互领域的研究成果虽然在中间过程有微调下降，但总体呈上升趋势，是学术界研究的热点。

国外在 2000 年 1 月 1 日至 2019 年 12 月 31 日对信息交互的研究成果相对较多。研究以"information exchange"或"information interchange"或"information interaction"作为主题词在 Web of Science 搜索得到 15560 篇有关信息交互的文献。涵盖学科包括计算机科学、工程科技、通信工程、医疗保健学科、数学、企业经济学、信息及图书情报档案学科等。其中，信息及图书情报档案学科文献共计 1320 篇，占文献总数的 8.48%，比国内图书情报档案学科文献占比高 5.38%。在国外关于"信息交互"的研究中，计算机学科共发表研究成果 7868 篇，占全部研究成果的 50.57%，是"信息交互"研究涉及的最主要领域。另外，工程科技学科发表研究成果 5646 篇，占 36.29%；通信工程学科发表研究成果 3078 篇，占 19.78%；医疗保健学科发表研究成果 2844 篇，占 18.28%；数学学科发表研究成果 2389 篇，占 15.35%；企业经济学学科发表研究成果 1944 篇，占 12.49%。国外对信息交互的研究从 2000 年到 2016 年文献数量逐年上升且保持一定增速，到 2016 年文献数量达到峰值 1483 篇，2016 到 2019 年文献数量略有下降，2019 年文献数量达到 1170 篇，是 2000 年文献数量的 7.5 倍。可以看出，国外在信息交互领域的研究成果总体呈上升趋势，是学术界研究的热点。

（2）主题词图谱

本研究下载了国内 432 篇图书情报领域关于信息交互的主题文献，以及国外 960 篇关于信息交互的主题文献。利用 CiteSpace 软件进行文献分析，得出国内、国外信息交互研究主题词图谱聚类结果，如图 1.1 和图 1.2 所示。"物联网""交互技术""信息感知""车联网""android"等是国内学者研究的热点，此外，关于通过新媒体进行信息交互的研究也是当前国内学者们研究的热点话题。相对应的，"health information exchange""technology""care""impact""communication"等是国外学者研究的热点。信息交互研究主要关注医疗、系统、技术、网络等，通过构建模型和信息系统来分析和加强信息交互，并强调信息交互效果，是国外研究的重点。

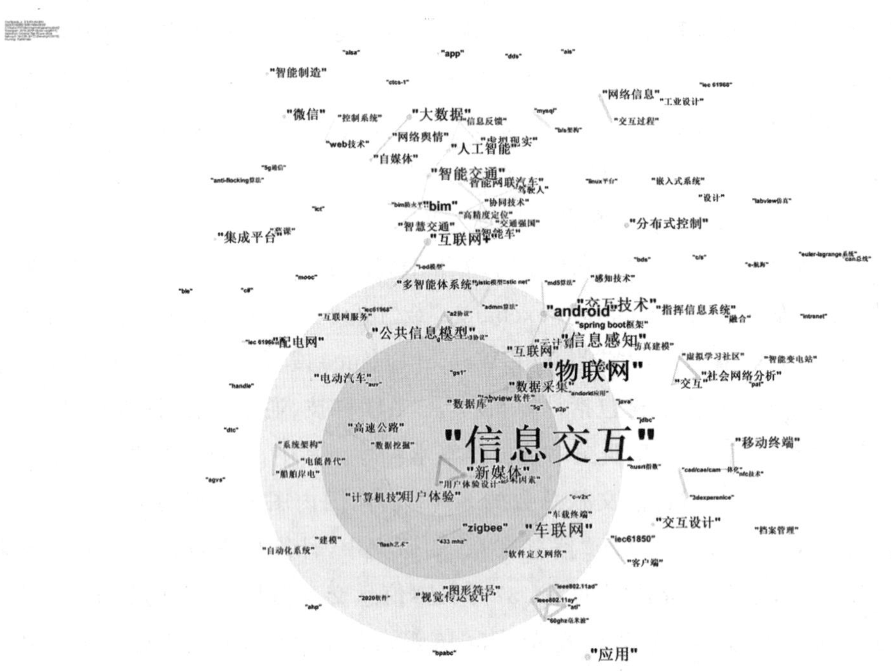

图 1.1　国内"信息交互"研究主题词图谱

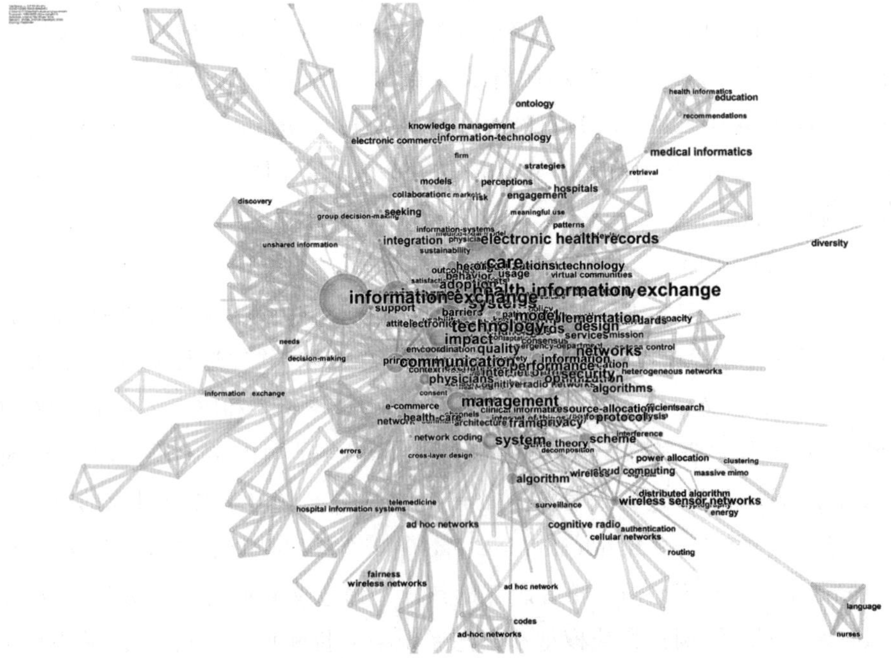

图 1.2　国外"信息交互"研究主题词图谱

由表 1.1 可知,国内对信息交互研究的文献按关键词被引频次排序依次为"信息交互""物联网""信息感知""交互技术""车联网""交互设计""数据库""用户体验""android""大数据"。被引频次和中心度指标并不关联,即被引频次越高不代表中心度也越高。按照中心度值排序依次为"物联网""信息感知""交互技术""车联网""android""互联网"。其中,"物联网"被引频次 39 次,中心度最高(0.03),说明国内学者对物联网的相关研究较多。此外,"信息感知"被引频次 17 次,中心度 0.01;"交互技术"被引频次 11 次,中心度 0.01;"车联网"被引频次 9 次,中心度 0.01;"android"被引频次 8 次,中心度 0.01;"物联网"被引频次 6 次,中心度 0.01,说明国内学者在信息交互领域更关注交互、感知技术、智能汽车、交互平台等。国外对信息交互研究的文献关键词按被引频次排序依次为"clustering""algorithm""classification""networks""knowledge""model""graphs""database""systems""Data mining"。而按照中心度值排序依次为"clustering""classification""algorithm""networks""model""systems""database""Data mining""graphs""information"。可以看出,按照被引频次的排序和按照中心度的排序差别并不大,说明国外学者在信息交互领域主要关注聚类、算法、网络、模型、数据库、数据挖掘等数据分析方法。

表 1.1 信息交互研究关键词频率和中心度统计表

序号	国内信息交互研究关键词			国外信息交互研究关键词		
	频率	中心度	关键词	频率	中心度	关键词
1	369	0.00	信息交互	54	0.29	clustering
2	39	0.03	物联网	45	0.13	algorithm
3	17	0.01	信息感知	37	0.14	classification
4	11	0.01	交互技术	36	0.11	networks
5	9	0.01	车联网	34	0.06	knowledge
6	9	0.00	交互设计	29	0.11	model
7	9	0.00	数据库	26	0.07	graphs
8	8	0.00	用户体验	26	0.08	database
9	8	0.01	android	25	0.09	systems
10	8	0.00	大数据	23	0.08	Data mining
11	7	0.00	公共信息模型	22	0.06	patterns
12	7	0.00	应用	22	0.06	complex networks
13	7	0.00	新媒体	21	0.07	information
14	6	0.01	互联网	20	0.02	spectral clustering
15	6	0.00	交互	20	0.04	models

1.2.2 国外信息交互研究进展

国外学者最早在 1951 年提出信息交互的概念,当时的信息交互主要针对医疗领域。此后,关于信息交互的研究以较为平缓的增长速度发展,到 2016 年文献数量达到最大值 1483 篇,总体来看,国外信息交互的研究一直是各个领域学者们关注的热点。在计算机学领域,学者们通过研究信息交互行为来探索如何保障金融信息交互的安全性;[1]在人工智能领域,学者们研究如何通过算法来改变信息交互行为,改变信息交互结果;[2]在医疗健康领域,学者们以用户为中心设计开发易于接受、便于操作的信息交互系统,帮助用户更好地管理健康数据、监控健康水平;[3]在工程学领域,信息交互是生产系统工程链中的关键问题之一,学者们分析构建标准化的数据交换格式以满足生产系统的运作;[4]在商业管理领域,学者们发现组织运行的环境要求有效地管理信息,特别是数字信息的数量正在迅速增加,需要通过有效地存储和管理信息,提高信息交互效果,保证组织的高效运营。[5]

(1)用户信息交互行为

随着信息技术的发展,多媒体技术受到了广泛的关注。推动多媒体技术在图书馆服务系统中的快速发展,有利于促进图书馆文化的深度延伸。Gao Yu-jie[6]分析了现有智能图书馆的理论和要素,并基于其文化延伸机制构建了智能知识创新服务模型。在综合内生动力机制的基础上,通过建立动态反馈机制,为知识创新服务提供人—平台—人互动的信息、物质、技术和环境支持。Kim

---

① Aisopos F,Tserpes K,Kardara M,et al. Information exchange in business collaboration using grid technologies[J]. Identity in the Information Society,2009,2(2):189 - 204.

② Erkan Ö F,Akar M. Cluster consensus in multi-agent networks with mutual information exchange[J]. AI & SOCIETY,2018,33(2):197 - 205.

③ Fico G,Martinez-Millana A,Leuteritz J P,et al. User Centered Design to Improve Information Exchange in Diabetes Care Through eHealth[J]. Journal of medical systems,2020,44(1):2.

④ Lüder A,Schmidt N,Drath R. Standardized information exchange within production system engineering[M]//Multi-Disciplinary Engineering for Cyber-Physical Production Systems. Springer,Cham,2017:235 - 257.

⑤ Pennarola F,Caporarello L,Magni M. Improving Information Exchange Effectiveness Through Data Compression Techniques [M]//Information Systems, Management, Organization and Control. Springer,Cham,2014:229 - 241.

⑥ Yujie G. Intelligent library knowledge innovation service system based on multimedia technology [J]. Personal and Ubiquitous Computing,2019:1 - 13.

等人[①]研究内向型和外向型的性格、自我意识和个性化对信息交互行为的影响。通过分析调查问卷结果显示,第一,内向组和外向组在发送信息和表达意见的程度上没有任何差异;第二,高组和低组在个体自我意识、公共自我意识和心理焦虑方面没有差异;第三,信息和意见传递的高活动群体比低活动群体具有更高的个性化程度。Velasco 等人[②]提出用户使用各种设备和不同的交互模式访问信息服务,这些交互模式取决于个人特征(包括残疾)和使用环境。随着移动设备的出现,行业将重点放在设备特性的标准化上,从而为信息提供者提供了一些内容适应设施。

(2)不同社交媒体的信息交互

Leopold[③]探讨了在企业环境中,利用社交媒体可以实现更高程度的创新管理并发挥企业潜力。社交媒体的主要特点是信息共享,将社交媒体作为企业内部交流平台必须充分考虑文化和动机问题。研究发现基于对组织内员工的实际观察,将有助于更好地理解何时以及如何在组织内使用各种社交媒体平台。同时,在组织内实施新的 IT 系统不仅仅是一个技术问题。研究提出了八项建议,以形成一种支持创新的组织文化,作为企业内部有效使用社交媒体的先决条件。Haythornthwaite 等人[④]通过社会网络分析法研究了一组大学生的工作和友谊关系是如何与不同类型的社交媒体联系在一起的。信息交互越频繁,联系就越"多元化",社交媒体的种类也越多,工作关系和友谊关系也越密切。Sreenivasan 等人[⑤]通过分析航空公司用户在 Twitter 上发布的内容,来评估他们对航空公司产品和服务的需求、偏好和反馈。研究分析了 8978 个关于三家特定航空公司(即马来西亚航空公司、美国捷蓝航空公司和美国西南航空公司)的帖子,以及它们官方 Twitter 账户上的 260 个航空公司的帖子。调查结果表明,航空公司主要使用微博

① Kim K K,Lee S Y. Effect of User's Personal Characteristics on Sending Behavior of Information and Opinion in Interactive Public Communication Space of CMC[J]. Journalism Science Research,2005,5(3):5 - 34.

② Velasco C A,Mohamad Y,Gilman A S,et al. Universal access to information services—the need for user information and its relationship to device profiles[J]. Universal Access in the Information Society,2004,3(1):88 - 95.

③ Leopold H. Social media and corporate innovation management—Eight rules to form an innovative organisation[J]. e & i Elektrotechnik und Informationstechnik,2019,136(3):241 - 253.

④ Haythornthwaite C,Wellman B. Work,friendship,and media use for information exchange in a networked organization[J]. Journal of the american society for information science,1998,49(12):1101 - 1114.

⑤ Sreenivasan N D,Lee C S,Goh H L. Tweeting the friendly skies:Investigating information exchange among Twitter users about airlines[J].

进行营销、共享信息。此外,研究也建议航空公司可以将在 Twitter 上与用户的信息交互用于客户关系管理,以更好地满足客户的需求。

(3)信息交互模型

Zheng[①] 在跨学科的基础上,总结和拓展了信息交互设计的概念和内涵体系,明确了信息交互设计体系的构成和本质特征,从"环境—人—技术—对象"四个维度构建信息交互设计系统思维模型,开展社会环境语境、信息用户心理需求、信息技术研究、信息交互设计产品研究,综合和总结信息交互设计思维模式和特点存在的各种形式的社会,从社会进化的角度形成信息交互设计的本质分析,探讨了转换过程之间的通信信息交互设计和社会的发展模式。Savolainen[②] 采用概念分析法,重点研究 Belkin、Ingwersen、Ingwersen 和 Jarvelin 提出的四种交互式 IS&R 前沿模型。其提出信息交互模型的一个主要特征是通过信息系统、中介/接口和用户三方面来确定信息资源。对话是信息交互的基本组成部分。Belkin 和 Ingwersen 提出的早期模型关注发生在用户-中介交互中的对话,而 Ingwersen 和 Jarvelin 开发的框架更多地关注用户-信息系统交互的对话构成。Kelly 等人[③]提出了一种用户建模系统量身定做的个性化的互动和检索,该系统主要包括三类模型:一般行为模型、个人行为模型和局部行为模型。一般行为模型描述了如何使用信息搜索和使用行为来识别和跟踪信息需求。个人行为模型描述了个人用户在文档偏好和知识状态方面的信息搜索和使用行为。局部模型描述了用户的信息搜索需求。其使用上述模型来分析个性化信息交互,并在多个信息搜索会话中定制系统响应。

(4)信息交互的安全

信息交互的安全是保证信息交互持续进行的重要技术,许多技术如 XML(可扩展标记语言)被应用于信息安全的控制中。Cho[④] 提出了一种基于 Web 服务的电子商务系统 XML 安全模型,以保证交易过程信息交互的安全。为了

① Zheng Y. The Historical Evolution Research of Information Interaction Design[C]//International Conference on Human Interface and the Management of Information. Springer,Cham,2014:678 – 689.

② Savolainen R. Pioneering models for information interaction in the context of information seeking and retrieval[J]. Journal of Documentation,2018,5(74):966 – 986.

③ Kelly D,Belkin N J. A user modeling system for personalized interaction and tailored retrieval in interactive IR[J]. Proceedings of the American Society for Information Science and Technology,2002,39(1):316 – 325.

④ Cho K M. XML security model for secure information exchange in e-commerce[C]//International Conference on Computational Science and Its Applications. Springer,Berlin,Heidelberg,2006:1003 – 1011.

实现 XML 的安全性,需要提供 XML 签名、XML 加密和 XML 密钥管理方案与传统系统的区别。其基于 XML 的独特性,提出了新的体系结构,并特别提出了将流程管理系统集成到电子商务中去的方法。Banger 等人[①]就美国卫生与公众服务部资助的健康信息安全和隐私协作问题,分析了 41 个州和地区的健康信息交互对策,以解决与健康信息技术和健康信息交互相关的跨州隐私和安全问题。Delgado 等人[②]研究开发出基于 Dublin 核心元素的元数据规范(Exchange social security Information metadata,简称 ESSIM),以增加国际社会信息交互安全。该研究基于语义方法,使用 RDF(S)、SPARQL、Microdata 和 JSON-LD 等技术,解决了不同国家的社会保障机构之间信息交互数据的安全。Backhouse 等人[③]论述了权力和政治在制定信息交互安全标准中的作用,考察了外部因素、强大的代理、资源、相关社会和制度群体在推动信息交互安全标准制定过程的作用。Kelton 等人[④]研究发现信息交互安全性研究主要集中在安全、技术可靠性或电子商务等问题上,很少涉及对从 Internet 获得的信息的信任问题。该研究将信息质量与人机交互的研究相结合,构建数字信息信任模型。该模型将信任作为信息质量和信息使用之间的关键中介变量,对数字信息的生产者和消费者都有重要的影响。

1.2.3 国内信息交互研究进展

国内有关信息交互的研究从 1988 年开始,相对起步较晚,但随着国家经济和信息技术的快速发展,信息交互研究的速度和成果的数量也快速增长,到 2016 年文献数量达到最大值 220 篇,总体来看,国内信息交互的研究同样是各个领域学者们关注的热点。在计算机学领域,肖慧彬[⑤]分析了如何理解企业利用物联网进行信息交互的需求,并得出分析的主要技术。在通信领域,胡永利

① Banger A K,Alakoye A O,Rizk S C. Supporting multi-state collaboration on privacy and security to foster health IT and health information exchange[C]//AMIA Annual Symposium Proceedings. 2008:871 - 871.

② Delgado F,Hilera J R,Ruggia R,et al. Using microdata for international e-Government data exchange:The case of social security domain[J]. Journal of Information Science,2019:0165551519891361.

③ Backhouse J,Hsu C W,Silva L. Circuits of power in creating de jure standards:shaping an international information systems security standard[J]. MIS quarterly,2006:413 - 438.

④ Kelton K,Fleischmann K R,Wallace W A. Trust in digital information[J]. Journal of the American Society for Information Science and Technology,2008,59(3):363 - 374.

⑤ 肖慧彬. 物联网中企业信息交互中间件技术开发研究[D]. 北京:北方工业大学,2009.

等人①研究了物联网环境下信息获取和信息交互模型,分析了信息交互研究热点,以及大规模信息交互状态下面临的问题。在图书馆情报档案学领域,刘洋②分析了信息交互技术在高校图书馆的应用和发展;文炯③分析了社交网络环境下信息交互的特征,构建了社交网络环境下的信息交互模型,提出了改善信息交互效果的策略;都平平等人④以高校图书馆用户信息交互为例分析了如何利用社交媒体进行网络信息交互服务的推广;王硕⑤以首都师范大学图书馆3D虚拟导航系统为例,介绍了虚拟技术在图书馆信息交互场景的应用,使用户可以通过不同方式进入图书馆虚拟导航系统,查找图书并得到导航路径,同时支持多人实时信息交互,提高用户体验。

(1)信息交互模式

邓胜利等人⑥基于用户体验视角构建信息交互服务模型,分析了信息利用过程中用户环境的逻辑框架、用户社会性交互与学术性交互表现,分析了用户与环境、用户与系统的交互模式。程水英⑦研究了基于Web2.0的数字图书馆信息交互模式,从读者、环境、图书馆交互系统三方面构建了Web2.0数字图书馆信息交互模型,并探讨了RSS推送功能、MyLibrary系统、虚拟参考咨询、博客(Blog)等实际应用场景。王莹莉⑧通过构建微博用户信息交互行为模型,分析了微博用户学术信息交互行为的特征、影响因素,以及二者间的关系。姚天泓等人⑨分析了MOOC社会化信息交互模式,研究了MOOC社会化信息交互环境下的知识共享、知识构建,以及知识共同体的信息素养提升。

(2)信息交互设计

张祥泉等人⑩研究了社区垃圾分类系统的信息交互设计,通过构建完善的、

---

① 胡永利,孙艳丰,尹宝才.物联网信息感知与交互技术[J].计算机学报,2012,35(6):1147-1163.

② 刘洋.信息交互技术在高校图书馆主页上的应用研究与分析[J].图书情报工作,2015(S1):198-201.

③ 文炯.社会网络视角下信息服务互动交流模式研究[J].高校图书馆工作,2014,34(6):61-63.

④ 都平平,郭琪,李雨珂,等.基于社交媒体的网络学科信息交互推广服务[J].图书情报工作,2014,58(2):84-90.

⑤ 王硕.基于Virtools的3D虚拟浏览技术在数字图书馆建设中的应用——以首都师范大学图书馆3D图书导航系统为例[J].现代图书情报技术,2011,27(7/8):121-126.

⑥ 邓胜利,张敏.基于用户体验的交互式信息服务模型构建[J].中国图书馆学报,2009,35(1):65-70.

⑦ 程水英.基于Web2.0的数字图书馆信息交互功能研究[J].河南图书馆学刊,2011(6):120-122.

⑧ 王莹莉.基于微博的网络社区用户学术信息交互行为研究[D].重庆:西南大学,2013.

⑨ 姚天泓,陈艳梅.MOOC社会化信息交互模式下的知识构建研究[J].图书馆学刊,2017,39(9):29-34.

⑩ 张祥泉,过山,周仕参.社区垃圾分类系统信息交互设计研究[J].杭州电子科技大学学报,2017,13(2):54-58.

交互性较强的垃圾分类信息交互系统,提高信息交互的反馈和循环。韦艳丽等人[①]将政府网站信息交互层级划分为资源汇总层、信息组织层、应用服务层、界面表现层。他们研究设计了在上述层级之间发生的政务网站信息交互,并以安徽省环保厅网站为例对交互层级模型进行实证分析。为探究解决档案馆 App 交互中人因问题的途径,基于用户体验提出了建立交互设计模型的方法,并在实际设计中论证了其有效性。秦汉帅[②]在分析了用户需求、基于体验算法设计交互模型后,为基于用户体验的档案馆设计交互式 App。于壮[③]基于物联网设计博物馆与用户之间的信息交互,增加信息交互的智能化,提高信息交互效果和用户体验。

(3)信息交互行为

邢变变等人[④]分析了影响档案自媒体用户信息交互行为的因素——认知因素、情感因素和刺激因素,从而提高档案信息交互自媒体的用户体验。陈伟英[⑤]构建了高校图书馆微信平台的信息交互模型,包括大学生之间、大学生与平台服务人员之间的人人交互,以及大学生与平台设施之间的人机交互来分析高校图书馆微信公众平台的信息交互行为。施亮等人[⑥]通过构建结构方程模型,分析了微博用户信息交互行为的影响因素,验证了用户在不同平台信息交互的动机有所不同。邓小昭[⑦]研究了互联网环境下的用户信息交互行为种类及网络化、数字化、便捷化、个性化等特点。

(4)关注用户体验的信息交互

杨文文[⑧]通过构建无意识认知行为模型,确立了信息交互界面设计的理论依据,从而提高了用户体验。孙璐等人[⑨]提出了一种基于用户体验视角的价值共创式信息交互模式,认为企业的信息交互质量影响用户体验,因此企业需要

---

① 韦艳丽,张懿丹,钱朝阳.信息交互下的政府网站层级模型构建与应用研究[J].艺术与设计(理论),2017(1):89-91.

② 秦汉帅.基于用户体验的档案馆 APP 交互设计[J].山西档案,2018,241(5):11-13.

③ 于壮.谈基于物联网信息技术的博物馆数字智能交互设计[C]// 融合·创新·发展——数字博物馆推动文化强国建设——2013 年北京数字博物馆研讨会论文集,2013.

④ 邢变变,张文宁.基于信息交互行为的档案自媒体用户情感体验研究[J].档案与建设,2019,361(01):37-40.

⑤ 陈伟英.微信视角下大学生群体的信息交互行为研究[J].农业图书情报学刊,2015,27(7):115-118.

⑥ 施亮,鲁耀斌.微博用户行为意向及平台的调节作用研究[J].管理学报,2014,11(2):272-282.

⑦ 邓小昭.试析因特网用户的信息交互行为[J].情报资料工作,2003(05):26-27,18.

⑧ 杨文文.基于无意识认知的信息界面交互设计[J].西部皮革,2019(18):52-53.

⑨ 孙璐,李力,孔英,等.信息交互能力的测度及其对竞争优势的影响研究:基于用户体验的价值共创视角[J].管理工程学报,2018,32(2):67-83.

整合内外部资源来提高信息交互质量,提升企业核心竞争力。方玉玲等人[①]基于用户体验视角梳理了新媒体环境下信息交互综合评价指标体系,并创新性地分析了生理学方法在提升用户体验领域的应用。

1.2.4　国内外信息交互研究述评

本研究选择国内外学者在 2015—2019 年对信息交互领域的相关研究进行热点分析,使用 CiteSpace 软件绘制国内外信息交互研究关键词聚类图谱,如图 1.3 和图 1.4 所示。国内学者的研究热点从 2015 年的信息感知、大数据、信息技术、数据库,逐渐过渡到车联网、公共信息模型等。在 2018 年出现较多关于电动汽车和"互联网+"的研究,随后学者开始关注智能交通、新媒体和视觉传达等领域。而国外学者对信息交互的研究首先关注医疗健康信息交互、交互信息、交互技术等,接着过渡到网络、交互和算法。在 2018 年出现较多关于网络、医疗健康信息交互的研究,随后学者较多关注绩效分析、物联网等。

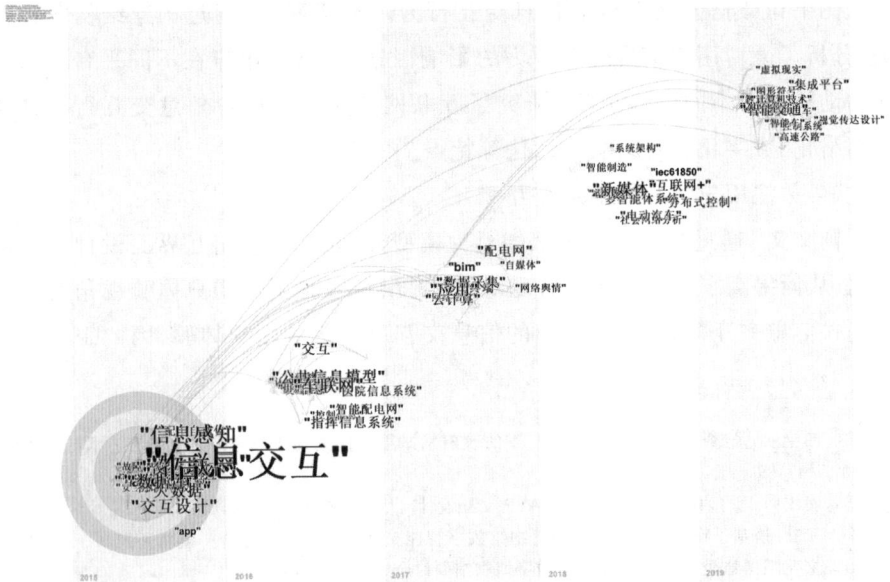

图 1.3　国内信息交互研究关键词聚类图谱

---

① 方玉玲,邓胜利,杨丽娜.信息交互中的用户体验综合评价方法研究[J].信息资源管理学报,2015,5(1):38-43.

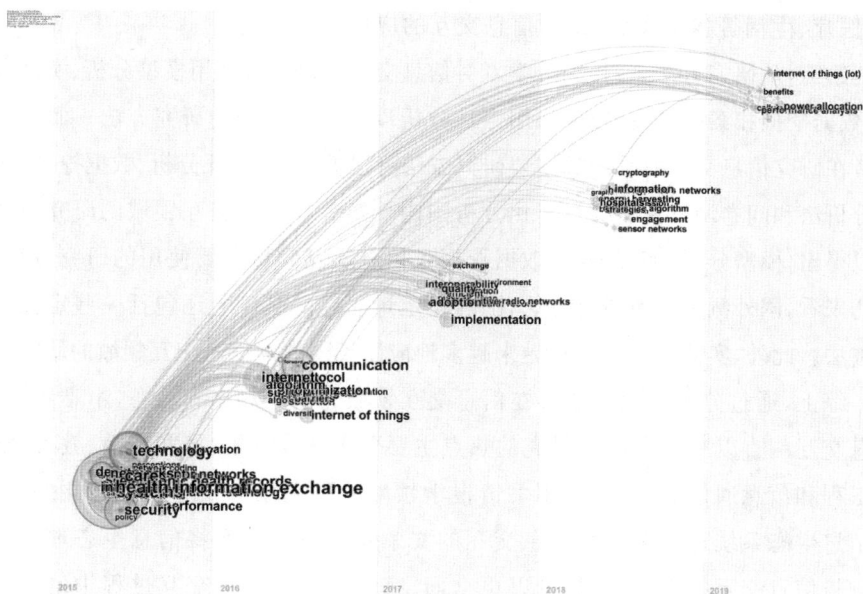

图 1.4 国外信息交互研究关键词聚类图谱

通过对国内外信息交互研究文献梳理可以看出,学者们从不同的视角用定量和定性等方法对信息交互做了大量的研究工作,整体研究特点如下。

第一,从相关文献数量来看,国外学者对信息交互的研究要远多于国内学者。究其主要原因,首先,国外信息交互研究始于 1951 年,而国内起步相对较晚,始于 1988 年。其次,信息交互是很多国家学者们持续关注的热点,研究成果数量也相对较多。此外,国外学者对信息交互的研究最早关注医疗健康领域,并且纵观整体研究数据,医疗健康领域是国外信息交互的研究热点之一;国内学者对信息交互的研究最早关注计算机科学领域,而且计算机学科一直作为信息交互领域研究的最主要领域。国外图书情报领域的文献数量占全部信息交互文献数量的 8.48%,国内占比 3.10%,说明国外图书情报学科对信息交互的研究在整体信息交互研究中更突出。

第二,从研究内容来看,国外学者对信息交互的研究主要关注用户信息交互行为、不同社交媒体的信息交互、信息交互模型、信息交互的安全,如关注医疗健康信息交互、交互信息、交互技术、网络、交互和算法等。国内学者对信息交互的研究主要关注信息交互模式,信息交互设计,信息交互行为,用户体验,如关注信息感知、大数据、信息技术、数据库、车联网、公共信息模型、电动汽车、"互联网+"、智能交通、视觉传达等领域。国内外研究内容涵盖科技、经济、生产、医疗、生活等各个领域,说明信息交互的应用十分广泛。

第三,从研究方法来看,国外学者对信息交互的研究多采用模型分析、实证分析、数据挖掘和案例分析,较少采用定性分析以及问卷调查的研究方法。而国内学者在研究信息交互时采用的主要研究方法为建模分析、实证分析、数据挖掘、定性分析法和问卷调查法。通过对比分析国内外学者在信息交互领域的研究方法可以得出,模型分析、实证分析、数据挖掘是信息交互领域主要使用的研究方法。总的来看,国外侧重定量研究方法,国内在定量研究的基础上还包括一些定性分析方法。此外,实证分析方法也越来越多地应用于国内外信息交互领域的研究。

综上,通过分析国内外学者在信息交互领域的研究热点和动态,不难看出,信息交互一直以来作为学术研究的热点主要分布在计算机、新闻传播、教育、电气工程和信息通信等学科,在图书情报学领域的研究成果相对较少。此外,基于信息生态系统理论来研究信息交互的文献相对更少。而将信息生态理论作为分析信息交互的理论依据,可以更全面、客观地分析信息交互过程中信息人因子、信息因子、信息环境因子以及信息技术因子的综合作用机制,有助于构建信息交互的生态平衡,使研究具有扎实的理论基础和系统的实践价值。新媒体作为网络强国和数字经济的驱动力,助推企业数字转型和产业升级。研究新媒体环境下企业与用户信息交互特征和发展规律对企业新媒体应用有一定的指导意义,然而,研究发现国内外针对此方面的研究成果相对较少。

1.3　研究内容和方法

1.3.1　研究内容

本书在梳理国内外信息交互领域研究成果的基础上,将信息生态学理论应用于信息交互研究。遵循理论构建—实证研究—案例分析的研究路径,研究新媒体环境下企业与用户信息交互行为机理及影响因素。

现就本书主要章节的内容做概括阐释。

第2章,相关概念及理论基础。本章对研究涉及的概念和理论做深入分析。从新媒体的内涵、分类和传播特征来阐述新媒体的相关概念;从信息交互行为内涵与分类、新媒体环境下用户的信息行为、企业与用户信息交互行为特征的内涵与分类、信息交互行为特征获取技术来阐述企业与用户信息交互行为的相关理论；从信息生态的内涵、信息生态系统的构造、信息生态因子的关系、信息生态链的组成、信息生态位的界定等阐述信息生态理论；分析新媒体环境下企业与用户信息交互采用的新媒体类型、特征和信息交互行为。本章是后续章节的理论基础。

第 3 章，新媒体环境下企业与用户信息交互行为机理。本章基于信息生态理论，从不同角度分析新媒体环境下企业与用户信息交互行为动机，包括用户与企业基于新媒体的信息交互动机和企业与用户基于新媒体的信息交互动机，并构建动机交互模型。从新媒体环境下企业与用户信息交互的生态系统、过程链和生态位角度分析新媒体环境下企业与用户的信息交互过程。从主体、客体、技术与环境要素的角度分析新媒体环境下企业与用户信息交互的生态要素，构建生态要素模型。最后，基于本章研究构建新媒体环境下企业与用户信息交互机理系统模型。

第 4 章，新媒体环境下企业与用户信息交互行为特征分析。本章基于信息生态理论，结合 SICAS 模型构建新媒体环境下企业与用户信息交互行为特征模型。使用社会网络分析法和语义分析法分析新媒体环境下企业与用户的信息交互行为特征。其中，用点度中心性指标分析信息互动中的转发与被转发行为；用中介中心性指标分析关注与被关注行为；用接近中心性指标分析评论与被评论行为；用特征向量中心性指标分析信息互动行为的凝聚性；用语义关键词词频分析信息互动词频，进而通过五个特征属性指标呈现新媒体环境下企业与用户进行信息互动的行为特征。本章从信息生态因子的角度分析了信息人因子在信息生态系统的作用机制，与第 5—7 章形成统一体，并为第 8 章信息交互行为引导对策提出理论基础。

第 5 章，新媒体环境下企业与用户信息交互影响因素分析。本章基于信息生态因子视角，结合沉浸理论和信息系统成功模型，构建了新媒体环境下企业与用户信息交互意愿影响因素理论模型。提出影响因素的研究假设，通过问卷星发放调查问卷并使用结构方程来验证数据，分析新媒体环境下企业与用户信息交互影响因素。本章与第 4、6 章形成统一体，并为第 8 章信息交互行为引导对策提出理论基础。

第 6 章，新媒体环境下企业与用户信息交互效果评价。本章基于信息生态理论构建新媒体环境下企业与用户信息交互效果评价指标体系。采用层次分析法与模糊综合评价法构建新媒体环境下企业与用户信息交互效果评价体系，从信息人、信息、信息环境、信息技术四个要素着手分析信息交互评价过程。构建了 6 个一级指标和 22 个二级指标。研究结果表明，信息交互参与性、信息交互有用性、信息交互易用性是评价信息交互效果的主要指标。本章分析信息生态系统各要素作用机制,与第4、5、7章形成统一体,为第8章新媒体环境下企业与用户信息交互引导对策提供理论支撑。

第7章,新媒体环境下企业与用户信息交互模式。本章基于信息生态位视角,分析新媒体环境下信息人交互模式、信息技术交互模式、信息环境交互模式,并对案例做对比分析。本章作为案例分析,是对第2章、第3章理论分析,第4章、第5章、第6章实证研究的补充,通过代表性的案例讨论信息交互行为过程,并为第8章信息交互行为引导对策提供研究对象。

第8章,新媒体环境下企业与用户信息交互行为引导对策。本章对应第4章提出基于信息人的企业与用户信息交互行为引导策略,对应第5章提出基于信息技术的企业对用户服务策略,对应第6章提出基于信息环境的企业新媒体消费升级引导策略。同时,本章对应第8章案例分析中列举的信息人交互模式、信息技术交互模式、信息环境交互模式分别提出对应的策略。

1.3.2 研究方法

本书主要采用以下4种研究方法。

(1)网络爬虫

本书在第4章使用网络爬虫软件通过新浪微博提供的应用程序接口(API)抓取数据。采集数据包括三家典型企业在三年内发布的所有微博的转发、评论和点赞数;评论内容、转发内容;用户昵称、用户端和时间;等等。

(2)实证研究法

本书在第4—6章构建新媒体环境下企业与用户信息交互行为特征模型、新媒体环境下企业与用户信息交互意愿影响因素理论模型、新媒体环境下企业与用户信息交互效果评价指标体系。使用 Gephi 软件、Amos22.0、层析分析法和模糊综合评价法来进行实证研究。

(3)社会网络分析法

本章在第4章运用社会网络分析方法,对抓取的微博数据用 MySQL 和 Excel 软件进行"清洗"及规范化处理,使用 Gephi 软件绘制整体网络云图,配合数理统计分析工具计算相应指标;绘图过程使用 Yifan Hu 流程布局,ForceAtlas 进行聚焦。用点度中心性指标分析信息互动中的转发与被转发行为;用中介中心性指标分析关注与被关注行为;用接近中心性指标分析评论与被评论行为;用特征向量中心性指标分析信息互动行为的凝聚性;用语义关键词词频分析信息互动词频。通过五个特征属性指标呈现新媒体环境下企业与用户信息交互的行为特征。

(4)案例研究法

本书在第 7 章分析了典型企业的信息交互案例,基于前述章节的研究从信息生态系统理论出发,选择典型企业分别以信息人、信息技术和信息环境的视角,列举信息人交互模式、信息技术交互模式和信息环境交互模式案例,并对案例进行分析,为新媒体环境下企业与用户信息交互提供实践指导。

1.3.3　研究对象

(1)新媒体类型

新媒体是在传统媒体的基础上融合了数字技术、网络技术、多媒体技术等发展起来的新型交互平台。近年来,随着移动网络技术的突飞猛进和手机用户数量的急剧增加,新媒体作为一种便捷的交互平台被越来越多的用户接受,成为信息交互的主要工具。

App(Application)指安装在智能手机上的软件,用来完善和优化原系统的功能与个性化设置,提高用户体验。2018 年全球 App 下载量超过 1 940 亿次,全球应用商店用户支出达到 1 010 亿美元。2016 年到 2018 年,全球 App 使用时长增长了50%。据移动观象台统计数据,中国 App 应用排名前十的分别为:微信、QQ、手机淘宝、手机百度、腾讯视频、爱奇艺、抖音短视频、高德地图、搜狗输入法、新浪微博。

微博是一种基于用户关系进行信息内容获取、传播、分享等的信息交互平台。新浪微博作为中国最早提供微博服务的门户网站,从 2009 年成立以来拥有了大批用户,据 2019 年第四季度财报显示,截至 2019 年年底,微博月活跃用户达到 5.16 亿,同比 2018 年第四季度净增长约 5 400 万人,其中移动端占比94%;微博日活跃用户达到 2.22 亿,同比 2018 年第四季度净增长约 2200 万人。① 此外,微博第四季度的流量持续以两位数同比增长,增速超过预期。微博将热搜、热点流、话题三大主要消费场景结合起来,为用户提供更加便捷的消费和讨论路径,并激励头部用户就热点话题进行分深度分析生产专业内容,为用户提供优质的信息服务,在热点透析和讨论上积聚经验、占据优势,吸引用户参与互动。2020 年 1 月,新型冠状病毒肺炎在我国开始流行,新浪微博显示了

---

① 新浪科技.微博发布 2019 年第四季度及全年财报[EB/OL].[2020-2-26].https://tech.sina.com.cn/i/2020-02-26/doc-iimxyqvz6003265.shtml.

独特的价值,成为用户了解疫情动态、获取防治服务、参与公益捐助等的重要交互平台。微博用户比以往更加活跃,日均发博人数同比增长25%,日均发博数量同比增长45%,微博日均流量连续两月同比增长50%及以上,在疫情信息交互过程中发挥重要作用。

2011年,腾讯公司为适应市场需求,拓展企业经营范围,推出一款专门为智能终端设计使用的通信软件微信。根据2019年微信数据报告显示,微信月活跃用户数11.5亿,比去年同期增长6%。随着智能手机的普及,微信作为便捷的信息交互平台成为国内用户数量最大的信息交互平台。微信在运营过程中不断根据市场和用户需求调整功能设置,模块区分较为细致和完善,公众平台、开放平台、微信支付、微信广告、企业微信等满足不同应用场景。

(2)交互的类型

按照不同标准,交互可以划分成自然交互、体感交互、网络交互等,也可以划分成人机交互、人际交互等。本研究主要关注的是在新媒体环境下企业与用户之间的信息交互行为过程,指企业使用各种新媒体交互平台与用户进行的信息互动。通过构建信息交互行为特征模型,分析交互行为特征;通过分析影响信息交互行为的因素,提出优化交互的对策;通过构建信息交互评价指标体系,完善信息交互行为过程。

(3)企业的类型

企业的类型按照不同的划分标准,可以分为大型企业、中型企业、小型企业和微型企业;工业制造型企业、第三产服务型企业、农业生产型企业;国有企业、集体所有制企业、私营企业、股份制企业(有限责任公司和股份有限公司)、有限合伙企业、外商投资企业、个人独资企业;工厂型企业、公司型企业、初创型企业等。本研究主要针对大型工业制造型企业,主要有以下三方面原因。

第一,中国是世界制造的核心,拥有一流的制造技术和管理经验。我国制造业创造了近三成的国内生产总值占比,在国民经济和国家建设过程中发挥着举足轻重的作用,处于不可替代的地位。制造业是供应链的核心,具有关联上下游行业发展、高附加值产出、为相关产业提供生产保证的功能,是建设现代化经济的支柱产业和关键引领。

第二,国际产业竞争博弈的核心集中于制造业,提升制造业尤其是大型制造企业的整体竞争力对增强我国综合国力有着重要的意义。

第三,经济发展需要满足一定的消费水平,大型制造企业是拉动国内消费水平,促进产业升级转型,推动经济高质量发展的内在动力。

综上所述,本书选取大型制造企业作为研究对象,助推企业数字转型和产业升级,对于分析新媒体环境下企业与用户信息交互行为有较好的代表性。

1.4　研究技术路线图

图 1.5 为本研究的技术路线图。

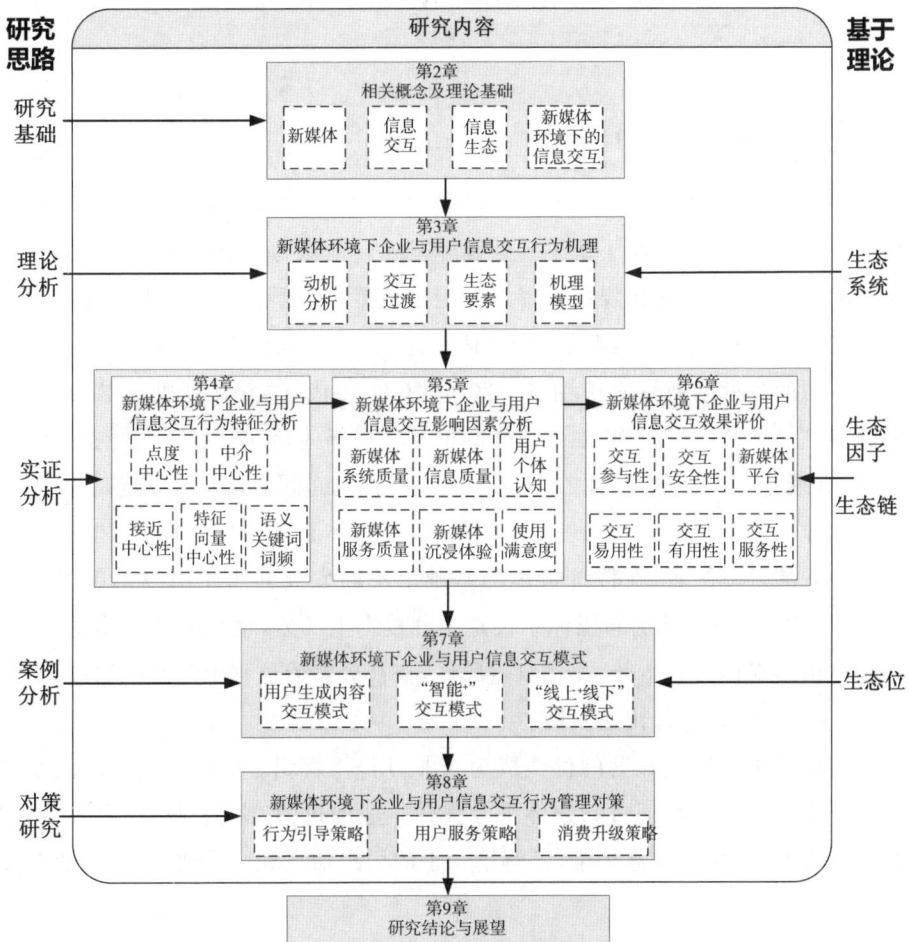

图 1.5　技术路线图

第2章 相关概念及理论基础

2.1 新媒体的相关概念

2.1.1 新媒体的内涵

加拿大传播学家马歇尔·麦克卢汉(Marshall McLuhan)于 1964 年出版代表作《理解媒介》,提出了最早的新媒体概念。他认为传播媒介是改变世界和历史的潜在力量,而传播媒体的形态一定是从传统的形式转向以电子环境为主的新型媒体形式。[①] 如今提及的新媒体概念来自 20 世纪 60 年代的美国,指电子媒体中的各种创新性应用场景。20 世纪 80 年代,随着计算机技术的发展,"新媒体"一词被广泛应用,主要指新的信息传播媒体,包括卫星、光纤、传真、计算机、有线电视等。新媒体在技术和形态上不断更新,具有稳定的基本特征——数字化、融合性、互动性、网络化。[②] 新媒体在过去的 50 多年里逐渐形成了独立的研究领域,在传统媒体的基础上不断发展并衍生出越来越多的形态。[③] 熊澄宇等人[④]认为新媒体不仅是一种技术生产力,也是一种文化生产力,正是由于新媒体具有生产、文化双重属性,在社会发展过程中不断推动社会、经济、技术、文化、教育等快速发展。

新媒体平台以其显著的优势成为企业、用户、组织之间信息交互的主要渠道。企业或组织可以通过新媒体平台宣传企业的价值、文化、服务、产品,与用户建立实时、便捷的沟通桥梁,了解第一手的用户信息和行为数据,从而使企业

---

① 马歇尔·麦克卢汉.理解媒介——论人的延伸[M].北京:商务印书馆,2000.
② 彭兰."新媒体"概念界定的三条线索[J].新闻与传播研究,2016(3):120 - 125.
③ 毕晓梅.国外新媒体研究溯源[J].国外社会科学,2011(03):115 - 119.
④ 熊澄宇,吕宇翔,张铮.中国新媒体与传媒改革:1978—2008[J].新华文摘,2010(11):149 - 152.

或组织在完善运营的基础上为用户提供定制化服务和产品。进入 5G 时代,信息技术在硬件和软件上都在飞速发展,万物互联,更多的设施设备连入互联网,在智能汽车、医疗健康、电力电网、物流配送等领域增加了更多的应用场景,为生产生活提供了极大的便利,企业利用新媒体平台与用户进行信息交互的效果也随之提升。

2.1.2　新媒体的分类

新媒体按照不同的传播媒介形式、主导传播机构和平台主要功能可分为以下 3 类。

(1)根据传播媒介的形式来划分

新媒体与传统媒体最大的区别就是传播媒介的电子化、传播手段的数字化、传播形式的多样化。新媒体的种类也从早期的 BBS、电子邮件、WWW、再到博客、微博、微信、App 等。目前的新媒体平台种类较多,常见的包括以下四种:①音/视频类平台,包括网络直播平台,如斗鱼、企鹅电竞、花椒直播、虎牙直播;短视频平台,如抖音、快手、秒拍、西瓜视频等;音频平台,如喜马拉雅、企鹅FM、得到等。②社交类平台,如 Facebook、Twitter、微信、微博等。③自媒体平台,如 YouTube、百家号、头条、搜狐号等。④问答类平台,如 Quora、Answers、Yahoo、360 问答、知乎、百度问答、悟空问答等。

(1)根据传播机构的不同来划分

新媒体传播机构是指通过电子传播媒介向大众提供信息服务的传播渠道、平台信息提供商。如马歇尔·麦克卢汉提出的新媒体的应用对社会、经济、政治有着重要的影响,新媒体传播机构必须具备一定的资质来完成大众信息服务。一般来说,新媒体包括新闻媒体、社会保障、户籍人口、教育科研、医疗健康等政府机构为大众提供的各类信息服务平台,也包括企业官方网站、微博、微信公众平台、App 等企业为用户提供的信息交互平台,还包括互联网环境下的其他主体构建的数字化媒体形式。

(3)根据平台功能的不同来划分

随着新媒体的广泛应用,其平台功能也越来越显著。新媒体可以应用于采购、生产、销售、配送等领域,也可以应用于生活、医疗、学习、消费、社交等领域。相应的,新媒体平台在关注主要功能的同时逐渐增加用户定制设置,满足用户的个性化信息需求,提升用户体验和信息交互满意度。根据平台主要功能的不同,新媒体可以分为销售平台,如淘宝、亚马逊、当当等;社交媒体平台,如 Facebook、Twitter、微博、微信等;社会化问答平台,如 Quora、Answers、Yahoo、知乎等;医疗服务平台,如公众健康服务平台、智慧医疗服务平台、老年社区医疗服务平台等。

2.1.3　新媒体的传播特征

相比于传统媒体,新媒体最大的优势便是依托各种信息技术挖掘数据、分析数据、打造平台,完成与用户的信息交互。尤其是在 5G 通信、"智能+"、"全媒体"的发展趋势和背景下,新媒体技术和应用与各个领域的产业需求结合起来,成为企业与内部、外部进行信息交互、提高竞争力、获取用户信息的有力工具。季春娣[①]认为新媒体的传播具有以用户为中心、大众化、交互性和及时性、表现形式多样化等特征。邵庆海[②]认为新媒体的传播具有传播行为的互动性、传播方式的非线性、传播手段的多样化、传播方式的个性化、传播内容的多样性等特征。综上所述,本书认为新媒体的传播特征包含交互性与及时性、个性化与多样化、信息量大与传播速度快等特征。

（1）交互性与及时性

交互性是传播学的基本特征,新媒体环境下的网络信息交互是开放式的信息互动。信息的传播既可以是单向的,也可以是双向的。用户之间的交互不受时间的限制,可以随时进行。在新媒体环境下,企业可以根据需求与用户进行实时交互,发布信息,用户可以进行点赞、转发、评论。使用电子商务平台进行时,买卖双方可以进行便捷的在线实时交互,就产品、价格、配送等问题达成一致。交互性体现了新媒体传播的多向交流,让用户能更多地参与新媒体的传播过程;及时性体现了新媒体传播不受地理条件、气候因素等影响,可以随时随地进行信息互动,最大限度地发挥新媒体传播的功能。

（2）个性化与多样化

新媒体传播最大的不同在于强调个体差异,每个个体都是信息传播的重要组成部分,每个个体都可以影响传播过程。新媒体传播的个性化体现在传播内容的个性化、传播形式的个性化、传播平台的个性化等,充分考虑用户体验,以满足用户的信息需求。多样化体现在新媒体传播的形式不拘一格,包括文字、

---

① 季春娣.新媒体环境下档案文化的传播特征与对策研究[J].档案时空,2014 (12):6 - 8.
② 邵庆海.新媒体定义剖析[J].中国广播,2011(3):63 - 66.

图像(图形)、音频、视频、虚拟信息等其中一种或几种融合,完成即时、无限扩展传播内容。

(3)信息量大与传播速度快

在大数据和人工智能的驱动下,新媒体具备了更大的数据存储、加工、分析、输出功能。如借助算法新媒体传播可以实现智能推荐,借助 AI 新媒体提传播可以实现现场同传、语音实时转文字等。在新媒体环境下,任何人都可成为信息生产者,为信息传播渠道增加更多的信息量。新媒体传播不受时空限制,传播速度快,可以做到同步传播与异步传播的统一,方便用户根据需求选择接受方式。新媒体的及时传播消除了传统媒体传播时间的弊端,让信息获得和分享更有实效性。

2.2 企业与用户信息交互行为的相关理论

2.2.1 企业与用户信息交互行为的概念

(1)信息交互行为的内涵和分类

最早提出信息交互概念的是设计领域创立 IDEO 公司的比尔·摩格理吉(Bill Moggridge)。他强调从用户的角度出发,最大限度地让产品更易用,使用户得到有效而愉悦的体验。[①] 而在信息学研究领域,信息交互是指包括信息产生、信息流通、信息接收、信息校正和信息反馈的过程。[②] 互联网改变了传统的信息交互行为方式,越来越多的企业和个人借助互联网实现信息交互。[③] 交互种类包括个人知识以及商业知识的交互,交互工具从 E-mail 到专题论坛、BBS、ICQ 和博客(Blog)等。[④] 用户信息交互行为是网络用户在信息需求和思想动机的支配下,利用各种网络工具进行信息的检索、收集、分析和利用等;其

① 张茫茫,傅江.基于实体用户界面与自然用户界面结合的产品设计[J].科技导报,2013(Z2):99 - 102.

② Paramonova I E. Information Interactions:The Criteria of the Choice of Communication Channels in a Scientific and Technical Library[J]. Scientific and Technical Information Processing,2019,46(3):181 - 186.

③ 侯玉.基于信息交互技术的未来功能性服装的设计[J].美与时代(上),2011(12):116 - 118.

④ 马静,李蘅.个人知识交互现象及管理学意义[J].理论与探索,2005,28(2):132 - 134.

交互行为包括转发与被转发行为、关注与被关注行为、评论与被评论行为。[①] 人们不仅可以通过人—机交互来查询信息,而且可以通过人—人交互来进行信息的交流。根据信息交互的目的,可以将信息交互行为分为知识、学术型信息交互,情感型信息交互,娱乐型信息交互三种。[②]

Stephan H. Haeckel 指出信息的彼此交换体现了信息最本质的特点,随着信息技术发展,信息交互的种类、模式、范围等也不断地被扩大。[③] Jennifer Fleming 认为交互是两个人或多个人之间交换想法、情感或物体的过程。在信息学领域,人们进行利用各种信息技术,在交互平台上搜索、交换信息。[④] Carlos A. Velasco 等人认为用户使用各种设备和不同的交互模式获取信息服务,这些交互模式取决于个人特征和使用环境。随着移动设备的出现,行业将重点放在设备特性的标准化上,从而为信息提供者提供了一些内容适应设施。[⑤] Debra Revere 等人通过文献综述以公共卫生信息交互过程为例,分析了信息交互的需求、过程、目的和作用,为企业或组织应用信息交互系统与用户进行交互提供管理策略。[⑥] Rajan Varadarajan 等人分析了包括互联网在内的许多互动技术,从根本上改变了零售商在市场上的竞争方式,交互式技术可以是通用的,一项专有的交互式技术可以使企业在较长时间内从创新中获得经济收益。[⑦]

(2)新媒体环境下用户信息行为

用户信息行为是指用户在查找所需求的信息时表现出来的需求表达、信息

① 薛杨. 企业微信营销中用户信息行为影响因素及作用关系研究——基于唤起和沉浸的中介作用[D]. 长春:吉林大学,2017.

② 邓胜利. 信息服务中的交互性研究进展[J]. 图书与情报,2008,152(05):55 - 58.

③ Stephan H Haeckel. About the nature and future of interactive marketing[J]. Journal of Interactive Marketing,1998:63 - 71

④ Jennifer Fleming. Web Navigation:Designing the User Experience[M]. Publisher:O'Reilly,1 edition,1998:35 - 40.

⑤ Velasco C,Mohamad Y,Gilman A,et al. Universal access to information services—the need for user information and its relationship to device profiles[J]. Universal Access in the Information Society,2004,3(1):88 - 95.

⑥ Debra Revere,Anne M Turner,Ann Madhavan,Neil Rambo,Paul F Bugni,Ann Marie Kimball,Sherrilynne S Fuller. Understanding the information needs of public health practitioners:A literature review to inform design of an interactive digital knowledge management system[J]. Journal of Biomedical Informatics 40,2007:410 - 421.

⑦ Rajan Varadarajan,Raji Srinivasan,Gautham Gopal Vadakkepatt,Manjit S Yadav,Paul A. Pavlou,Sandeep Krishnamurthy,Tom Krause[J]. Journal of Interactive Marketing,2010:96 - 110.

获取、信息利用等行为。[①] 自 1960 年开始,学者们致力于用户信息行为的研究,早期关注热点集中于用户视角下的信息搜索行为。[②] Dervin 等人[③]认为信息行为是面向用户的,而不是面向系统的,肯定了信息行为过程用户的主导作用。用户信息行为是由信息需求导致的,不同环境下的信息行为不同,新媒体环境下用户信息行为指用户使用数字化的新型媒体介质进行信息表达、获取和利用的过程。[④] 用户信息行为分析对于掌握用户的行为规律、行为特征,了解用户信息需求等起到关键作用。借助各种新媒体对用户信息行为进行数据挖掘、生成用户画像,不仅可以发现信息交互的问题,而且可以指导企业经营方式和战略规划。[⑤]

信息行为的影响因素有很多,Mick 等人[⑥]提出了一种面向管理的信息行为描述和研究模型,通过实验对模型导出的几个假设进行测试,结果表明环境和情景约束在决定信息行为方面起着重要作用。Wilson[⑦] 提出个人特质、人际关系、环境因素是影响信息行为的三个主要因素。William J. Paisley[⑧] 对环境因素、信息获取条件、信息安全、社会环境等八个因素分析,认为环境因素是影响信息行为的最主要因素。Abdelmajid Bouazza[⑨] 通过实验分析用户信息行为影响因素,认为个人特质是主要影响。李欣颖等人[⑩]认为用户信息行为受主观规范、信息行为态度、知觉行为控制影响。

---

① Chiang I P, Yang S Y. Exploring Users' Information Behavior on Facebook Through Online and Mobile Devices[C]//International Conference on Multidisciplinary Social Networks Research. Springer, Berlin, Heidelberg, 2015:354 - 362.

② González-Teruel A, Abad-García M F. Information needs and uses: an analysis of the literature published in Spain, 1990—2004[J]. Library & information science research, 2007, 29(1):30 - 46.

③ Dervin B, Nilan M. Information needs and uses[J]. Annual review of information science and technology, 1986, 21:3 - 33.

④ 曹双喜,邓小昭,等. 网络用户信息行为研究述略[J]. 情报杂志, 2006, 25(2):79 - 81.

⑤ 陆泉,王宝,陈静,Iris Xie. 美国威斯康星大学密尔沃基分校的信息构建实验教学[J]. 图书馆学研究, 2014(20):28 - 30.

⑥ Mick C K, Lindsey G N, Callahan D. Toward usable user studies[J]. Journal of the American society for Information Science, 1980, 31(5):347 - 356.

⑦ Wilson T D. On User Studies and Information Needs[J]. Journal of Documentation, 1981(1):3 - 15.

⑧ Paisley W J. Information Needs and Uses[J]. Annual Review of Information Science and Technology, 1986, (3):33 - 37.

⑨ Abdelmajid Bouazza. Use of Information Sources by Physical Scientists Social Scientists and Humanities Scholars at Carnegie-Mellon Univer sity D [Ph. D. diss]. University of Pittsburg, 1989.

⑩ 李欣颖,徐恺英,崔伟. 移动商务环境下 O2O 用户信息行为影响因素研究[J]. 图书情报工作, 2015, 59(7):23 - 30.

2.2.2 企业与用户信息交互行为的特征

（1）企业与用户信息交互行为特征的内涵

企业与用户的信息交互有别于用户之间的信息交互，企业需要与用户进行积极、明确和持续的交互，动员用户群体，管理用户的多样性，与用户共同创造个性化的体验。[1][2] 在互联网时代，企业与用户不是简单的交易，更多的是一种交互关系。[3] 企业与用户信息交互行为特征是描述企业与用户信息交互过程的方法、体系、指标、数据，是既可以量化也可以定性分析的信息交互衡量系统。

（2）信息交互行为特征的分类

信息交互行为特征在不同研究领域或视角不同的情况下，分类也有差异。基于用户体验视角，企业与用户的信息交互行为特征有信息交互的可用性和用户体验质量。[4] 基于社交网络视角，企业与用户信息交互行为特征有社交网络上交互行为的时间分布特征、信息交互行为的关系强度、参与信息交互的节点重要性等。[5] 基于数据挖掘和机器学习视角，企业与用户信息交互行为特征分为尽可能多地包含类标签信息的特征子集（具有较强区分能力的特征子集），以及无关或冗余特征子集。[6] 基于信息交互设计视角，企业与用户信息交互行为特征有显著的参与性、体验性、科技性、目标性、未来性等。[7]

（3）信息交互行为特征获取技术研究

陈恳[8]通过构造卷积神经网络提取人脸特征，分析验证深度人脸特征的类间可分性和类内聚类性，利用快速聚类算法解决实际聚类中存在的动态数据和大数据量问题，构造人脸相似度矩阵，构建人脸识别分析管理系统。魏宏儒[9]

---

① Prahalad C K,Ramaswamy V. Co-opting customer competence[J]. Harvard business review，2000,78(1):79-90.

② Prahalad C K,Ramaswamy V. The future of competition:Co-creating unique value with customers[M]. Harvard Business Press,2004.

③ 宋圆圆.大互联时代语境下的用户共创品牌模式研究[J].东南传播,2015(6):141-144.

④ Lin C J,Cheng L Y. Product attributes and user experience design:how to convey product information through user-centered service[J]. Journal of Intelligent Manufacturing,2017,28(7):1743-1754.

⑤ 李旭军.基于交互行为特征的社交网络信息传播研究[D].合肥:合肥工业大学,2016.

⑥ 沙朝锋.基于信息论的数据挖掘算法[D].上海:复旦大学,2008.

⑦ 郑杨硕,刘诗雨,王昊宸.信息交互设计的本体特征与评价维度研究[J].设计艺术研究,2019(5):10.

⑧ 陈恳.人脸深度特征获取及聚类技术研究[D].杭州:浙江工业大学,2017.

⑨ 魏宏儒.Web信息语义特征获取技术[D].沈阳:东北大学,2008.

利用 Web 页面信息获取技术研究 Web 信息语义特征表示方法,构造向量空间模型,针对 Web 信息语义特征时效性及更新提出策略。李纲等人[1]使用社会网络分析法获取信息交互特征。研究通过全局交互特征和节点的局部有向交互特征,计算成员之间的关系强度,并作为边的权重构建信息交互网络,基于改进的 PageRank 算法识别信息交互的关键节点。

2.3　信息生态的相关理论

2.3.1　信息生态的内涵

20 世纪 60 年代,美国学者开始将自然界生态学理论融入信息学研究领域,作为生态学和信息学融合的初级阶段,尚未形成独立的理论体系。随后,对媒体理论产生重要影响的加拿大学者马歇尔·麦克卢汉在分析当时媒体产业与信息技术发展状况后,提出信息传播媒介生态的融合性概念,深入分析传播媒介与信息、文化的关系。1997 年,美国学者托马斯·H.达文波特(Thomas H. Davenport)将生态学理论与信息学理论结合起来,成为第一位明确提出"信息生态学"的科学家。他将信息管理科学研究构建于自然发展规律基础上,开创了信息管理与生态理论的新篇章。[2] 信息学是人类科学体系的一个分支,生态平衡是人类社会平衡发展的自然法则,信息生态学是一门遵循人类社会自然法则探索信息科学规律的年轻学科。近年来,随着信息技术的发展,信息生态学已经形成了比较健全的研究体系。在宏观上,研究重点是信息生态系统的运作规律,优化信息生态系统的平衡发展;在微观上,研究重点是有关于信息生态各因子的相互作用、信息生态链的运行规律以及处于不同信息生态位的状态下对信息生态系统的影响。此外,关注信息生态系统在不同领域的应用,有助于完善信息生态系统自身建设并促进相关领域的发展。

信息生态学是将生态学引入信息管理领域的新探索,基于自然规律视角来

---

① 李纲,李显鑫,巴志超,等.微信群信息交流网络中的关键节点识别研究[J].情报理论与实践,2018,41(7):65-71.

② 张海涛,许孝君,宋拓,等.专题:网络信息生态链的形成机理与演进规律研究——商务网络信息生态链概念之内涵与外延解析[J].图书情报工作,2014,58(16):13-22.

研究信息管理领域的系统性,人与信息环境、人与信息技术之间的相互性,是一种"以人为本"信息管理方法。[①] Nardi 等人[②]将信息生态理论引入图书馆信息管理工作,帮助图书馆员通过多种方式构建多样化的信息生态系统,提高信息管理质量。Challet[③] 通过构建金融市场信息生态模型,加入信息生态理论,使模型具有明确的持仓情况、可预测性模式之间的影响、对市场效率的明确衡量等特征,并证实了利用少数博弈来研究金融市场中的信息生态。Brown 等人[④]认为信息生态是在特定的环境中,由人、价值和技术组成的系统。信息生态的不同之处在于,人们关注的焦点不是技术,而是由技术服务的人类活动。研究将信息生态学应用于南南合作、转让知识和技术以及执行政策建议提供理论基础。Xiwei Wang 等人[⑤]通过对 1992 年至 2013 年在社会科学引文索引和科学引文索引数据库中收录的有关信息生态学主题的论文的研究,对信息生态学的研究现状进行了梳理,研究发现电子商务、网络信息生态、信息生态系统是学者们重点关注的三个方面,并呼吁对信息生态学进行更广泛、更深入的研究,以探讨新技术快速发展所带来的信息生态学问题。Pritchard 等人[⑥]认为信息系统就像生物系统一样,容易受到外部干扰。研究利用生态学视角将信息系统建模为一个活的系统 Leinster 和 Cobbold,验证了数据占优理论。

信息生态学在国内一直是学者们研究的热点。信息生态的研究主要有两种视角:一种是基于社会科学理论对信息生态进行探究,另一种是基于生态学理论对信息生态进行探究。娄策群[⑦]认为信息生态是信息人和信息环境相互作用而形成的相互制约、相互促进、协同发展的整体。余胜泉等人[⑧]认为信息

① 蒋录全,邹志仁.信息生态学——企业信息管理的新范式[J].图书情报知识,2001(03):3 - 7.

② Nardi B A,O'Day V,Valauskas E J. Rotwang's Children:Information Ecology and the Internet[M]//Classification and Knowledge Organization. Springer,Berlin,Heidelberg,1997:371 - 380.

③ Challet D. Models of Financial Market Information Ecology[M]//Econophysics of Stock and other Markets. Springer,Milano,2006:101 - 112.

④ Brown S,Hussain F. Information Ecology as a Framework for South-South Cooperation:Case Studies of Rwanda and Bangladesh ICT-Based Health Applications[C]//International Conference on Social Implications of Computers in Developing Countries. Springer,Cham,2017:803 - 808.

⑤ Wang X,Guo Y,Yang M,et al. Information ecology research:past,present,and future[J]. Information Technology and Management,2017,18(1):27 - 39.

⑥ Pritchard M J,Martel J C. Information system ecology:An application of dataphoric ascendancy[J]. Information Systems,2020,89:101 - 486.

⑦ 娄策群.信息生态位理论探讨[J].图书情报知识,2006,9(23):23 - 27.

⑧ 余胜泉,陈莉.构建和谐"信息生态"突围教育信息化困境[J].中国远程教育,2006(5S):19 - 24.

生态是一个有机的完整系统,有机体现在系统可以自我调节,完整体现在系统建立了一定的价值体系,由人借助技术在某些给定环境下不断实践而形成。靖继鹏[①]认为信息生态是信息人、信息、信息环境之间形成的统一体,需要运用系统、互动、平衡、人本原则观来分析信息系统运行规律。

2.3.2　信息生态系统

1935 年英国学者 Arthur G. Tansley 提出生态系统的概念,认为生态系统是在一定的空间内生物和环境形成的有机复合体。生态系统由非生物的物质和能量、生产者、消费者、分解者组成,其中生产者为主要成分。[②] 信息生态系统是一个统筹概念,可以通过分析信息生态因子的关系、信息生态链的流转方式、信息生态位的模式来探索信息生态系统。分析生态因子在系统内的作用,信息在信息生态系统中的流转,信息生态因子在信息生态系统中所处的位置,可以发现信息生态系统的运作规律。信息生态学不仅具备信息学的理念,更融合了自然生态发展规律,是一门全局视角下关注自然与科学协调共存的新兴学科。信息生态学研究的主旨是分析人类与信息环境的关系,如如何改善信息环境;人类与信息的关系,如如何合理、高效利用信息;人类与信息技术的关系,如如何促进信息技术的发展。对于信息生态系统的理解可以从下述三方面展开。

第一,信息生态系统由信息生态因子构成,学者们对于信息因子的含义有不同的理解。李美娣[③]认为信息因子包括信息人、信息、信息生态环境;娄策群等人[④]认为信息因子包括信息人、信息生态环境;张海涛等人[⑤]认为信息因子包括信息人、信息、信息生态环境、信息技术。虽然学者们从不同的视角对信息因子加以界定,但是不难看出学者们对信息生态系统是由生态主体、生态环境和信息组成的持一致观点。[⑥]

第二,综合学者们的界定,从信息人、信息、信息环境、信息技术来分析信息

---

① 靖继鹏.信息生态理论研究发展前瞻[J].图书情报工作,2009,53(4).

② Tansley A G. The use and abuse of vegetational concepts and terms [J]. Ecology,1935,16 (3):284-307.

③ 李美娣.信息生态系统的剖析[J].情报杂志,1998,17(4):3-5.

④ 娄策群,杨小溪,王薇波.信息生态系统进化初探[J].图书情报工作,2009,53(18):26-29.

⑤ 张海涛,王丹,张连峰,尹慧娟.商务网络信息生态链的演化逻辑及演化模型研究[J].图书情报工作,2015,59(18):97-103.

⑥ 吴应良,陈德美,李成安.一种面向区域一体化的信息服务体系的信息生态系统模型[J].情报杂志,2013,32(6):157-160.

生态系统,可以得出,信息人是生态系统的主体,是主导信息生态系统运转的对象;信息是生态系统的客体,包含范围较广;信息环境是人类信息活动有关的一切自然环境和社会环境,是信息生态系统运作的背景;信息技术是信息流转过程借助的工具和手段的集合,是信息生态系统运作的效率和效果的保障。[①]

第三,信息生态系统平衡说明信息生态系统内部各个因素关系协调、系统结构合理、系统功能完善。[②] 信息生态系统各因子相互作用、相辅相成,探索信息生态系统运行规律,促进信息生态系统平衡是信息生态学研究的主旨和要务。

2.3.3 信息生态因子

王晰巍等人[③]基于生态系统理论,认为信息生态因子包括信息人和信息环境。信息环境主要指相对于信息生态系统的外部和内部环境,信息人主要指相对于信息的生产者、传递者、消费者和分解者。张寒生等人[④]认为信息生态因子主要包括信息人和信息环境。信息人是信息环境的主体也是信息生态系统交流互动的主要对象;信息环境包括所有与信息相关的外部资源、技术平台、信息伦理、信息战略、信息准则等。系统内各信息因子之间具有互动性、主导性、多样性、互利性等特点。由于信息系统具备有机的自我调节功能,各因子之间存在相辅相成、彼此促进、彼此影响的关系,所以前述研究者大多将信息因子归纳为信息、信息人、信息环境,其中,将信息技术包含在信息环境中。随着互联网、新媒体、大数据、云计算等技术的发展,信息技术在信息生态系统中的作用愈加显著,故本研究将信息技术列入信息生态因子,分析其在信息生态系统中的作用和影响。各因子之间的关系如图 2.1 所示。

① 张新明,王振,张红岩.以人为本的信息生态系统构建研[J].情报理论与实践,2007,30(4):531 - 533.

② 赵云合,娄策群,齐芬.信息生态系统的平衡机制[J].图书情报工作,2009,53(18):22 - 25.

③ 王晰巍,靖继鹏,刘明彦,等.电子商务中的信息生态模型构建实证研究[J].图书情报工作,2009,53(22):128 - 132.

④ 张寒生,岳贤平,张小怡,等.和谐信息生态分析及其构建研究[J].现代情报,2009,29(3):66 - 70.

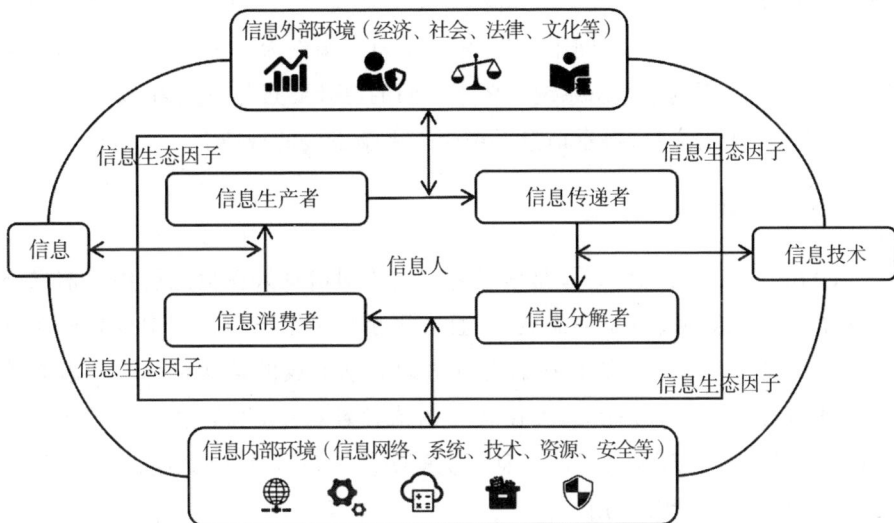

图 2.1　信息生态因子相互作用

　　信息生态因子是信息系统的重要组成部分,信息人、信息、信息环境、信息技术 4 个因子在内外部环境作用下形成一个相对稳定的信息系统。信息是关键要素,信息在各因子之间流转形成了信息生态系统的独有的链状运行结构;信息人因子是信息生态系统的决定要素,按照对信息承担的不同工作,包括信息的生产、传递、分解、消费等不同流转过程来定位;信息生态因子的运行有赖于信息环境,包括内在和外在环境条件,如信息系统、技术环境、网络结构、资源环境和信息安全等,以及外部环境,如经济环境、社会环境、法律政策、文化观念等;信息技术是信息生态因子运行的方法,如计算机技术、通信技术、新媒体技术、虚拟现实技术、大数据技术等。

2.3.4　信息生态链

　　信息生态链是指信息在信息场之间流动形成的链状结构。[①] 娄策群等人[②]认为信息生态链体现了信息生态系统的运行轨迹,是信息经由生产、传递、分解、消费过程形成的完整的链式结构。信息生态链的构成主体是不同角色起不同作用的信息人,信息生态链的本质是信息在信息人之间的流通,信息生态链

[①]　娄策群,娄冬,程彩虹.网络信息生态链协同管理概念解析[J].情报科学,2017,35(3):19-23.
[②]　娄策群.信息生态链:概念,本质和类型[J].图书情报工作,2007,51(9):29-32.

的相互依存关系是不同信息人之间的多元交互关系。李北伟等人[①]认为网络信息生态链是将网络信息、网络用户、网络信息环境作为一个统一整体,运用生态系统方法论分析网络生态系统各要素之间的以及要素与系统内部环境、外部环境之间相互作用关系,揭示信息系统生态平衡发展的规律。

2.3.5　信息生态位

Leibold[②]认为信息生态位是信息生态主体即信息人在信息链中与信息环境形成的关系,这种关系是动态的,并且在平衡—不平衡—平衡中变化。谢立虹[③]认为信息生态位是指信息在信息场之间流动形成的链状结构。刘志峰等人[④]等认为信息生态位是信息人在特定的依存环境中,以信息管理活动为主导,通过与内部信息环境和外部信息环境的物能流转以及其他信息人的信息交互中形成的相对位置和作用。

2.4　新媒体环境下企业与用户信息交互

2.4.1　企业采用新媒体类型

数字技术促进新媒体成为企业知识共享、信息交互的专业渠道,大多数企业将新媒体视为与客户建立双向沟通、提升企业绩效和客户服务水平的机会。[⑤]可供企业使用的新媒体类型种类较多,国外常见的有注重用户表达和个性化的博客或轻博客,如 Wordpress、Tumblr;关注视频生成内容的社区,如 YouTube、Vimeo;功能成熟完善的网络社交媒体平台,如 Facebook、Twitter、LinkedIn、Pinterest、Google +、VK、WhatsApp、Instagram、Snapchat 等。国内

---

① 李北伟,徐越,单既民,等.网络信息生态链评价研究——以淘宝网与腾讯拍拍为例[J].情报理论与实践,2013,36(9):38 - 42,47.

② Leibold M A. The niche concept revisited:mechanistic models and community context[J]. Ecology,1995,76(5):1371 - 1382.

③ 谢立虹.网络空间中的信息生态问题[J].图书馆,2000(2):11 - 13.

④ 刘志峰,李玉杰.信息生态位概念、模型及基本原理研究[J].情报杂志,2008 (5):28 - 30.

⑤ Jaman S F I H,Damit N J H,Ishak N A,et al. The Adoption of Social Media as Marketing Tools:Case Small and Medium Enterprises in Brunei Darussalam[J]. International Journal of Asian Business and Information Management (IJABIM),2020,11(2):28 - 50.

企业通过新媒体了解用户需求,增加企业销售业绩,并通过分析用户需求开拓潜在市场。在媒体行业融合发展的环境下,企业选择现有或者自行开发新媒体平台完成交互。企业常用的新媒体平台有腾讯微信;微博,如新浪微博、腾讯微博、网易微博、搜狐微博等;短视频,如快手短视频、抖音短视频;小程序,如支付宝小程序、百度智能小程序;网络直播,如映客、花椒、一直播、美拍等。

2.4.2　企业采用新媒体特征

企业将新媒体应用于企业管理、广告宣传、营销策划、客户服务等供应链各个环节,在服务于企业运营的同时带动企业了解市场、扩增用户群体,加速数字化转型促进企业高质量发展。企业采用的新媒体除了具备交互性、及时性、个性化、多样化、信息量大与传播速度快等特征之外,更多地体现出如下特征。

(1)智能化

企业将人工智能应用于传统产业,开创智能研发、智能生产、智能物流、智能客服、智能销售等新领域。目前,智能化也是企业新媒体应用的热点,产业规模近 400 亿美元。企业通过"智能+"新媒体平台缩减供应链渠道、降低企业成本、提高用户满意度。

(2)全媒体

企业新媒体应用注重全过程,主旨是降本增效。随着数字技术的发展,新媒体展现出不受时空限制、形式丰富、用户群体广泛、基础较好,交互效果精准的全程、全息、全员、全效的全媒体状态。企业应用新媒体具有"科技+媒体+运营"的特征。

(3)以用户需求为中心

用户是企业发展的关键,企业采用的新媒体功能和形式应该以满足用户需求为核心。通过市场调研和大数据分析确定企业新媒体定位,并在运营中不断调整。实践证明,只有用户认可的新媒体才能发挥交互的作用。如腾讯微信和抖音短视频,以用户为中心充分发挥用户的价值,关注用户生成内容体系建设,构建用户分类社区,提高用户参与感和体验感,提高用户服务水平,达到信息交互的目的。

2.4.3　企业采用新媒体的信息交互行为

在内部,企业采用新媒体与用户(主要指员工)进行知识共享、信息交互。

在外部,企业采用新媒体与用户(外部组织或企业客户)进行信息互动,提供信息服务。企业采用新媒体的信息交互行为过程主要包括利用各种新媒体平台进行信息的获取、评论、发布、收集、共享、消费等。

(1)信息生成行为

企业根据交互目的生产信息或根据新媒体平台已有信息进行加工创造生成新的信息内容,与用户进行交互的行为。在此过程中,企业通过信息获取、信息共享、信息评论和信息发布等完成信息生成行为。企业通过信息生成行为确定企业信息交互的立场,吸引用户进行互动。

(2)信息传递行为

企业通过新媒体平台对信息进行传递,完成与用户的信息交互。在此过程中,企业通过传递分享信息,获取用户浏览、转发、分享、评论、点赞等。企业传递分享行为需要保证真实性、可靠性和专业性,在传递行为末端关注用户的反馈,达到交互目的。企业传递信息行为可以间接提高信息资源的利用率和交互效果。

(3)信息消费行为

企业信息消费行为是指企业对信息产品或信息服务进行购买并使用的行为。随着通信技术的发展和数字终端网络的普及,释放出大量的企业信息消费需求,从硬件设施到软件应用,从平台构建到信息维护,企业数字化转型和构建对信息消费的依赖性越来越高。提升企业数字化管理过程,采取信息化手段、信息消费的行为来提高企业精益化管理水平和核心竞争力。企业的信息消费行为分为生产领域信息消费、管理领域信息消费和服务领域信息消费行为。企业通过信息消费行为提升企业信息交互基础设施建设,增强企业信息产品供给能力,以更好地了解用户信息需求,提高企业信息服务水平。

2.5 本章小结

本章对新媒体的相关概念、企业与用户信息交互行为的相关理论、信息生态理论和新媒体环境下企业与用户信息交互的相关概念进行了梳理,是全书的理论研究基础,为实证研究和案例研究提供理论和方法支撑。

本章的研究工作和结论主要有以下四方面。

（1）明确了新媒体的内涵、分类和传播特征。新媒体是在传统媒体基础上发展而来的信息交互平台，具备数字化、融合性、互动性、网络化等特点，按照传播媒介形式、传播机构和平台功能的不同，可分为音/视频类平台、社交类、自媒体类、问答类新媒体；政府/组织新媒体、企业新媒体、用户自媒体；销售新媒体平台、社交新媒体平台和医疗新媒体平台等。具备交互性与及时性、个性化与多样化、信息量大与传播速度快等传播特征。

（2）明确了企业与用户信息交互的相关理论，包括企业与用户信息交互行为的概念和特征。信息交互指信息的发出和接收过程，包括信息的检索、收集、分析和利用，可分为人—人交互和人—机交互。用户信息行为是指用户通过新媒体搜索信息、表达需求、利用信息等行为。信息交互行为特征是描述企业与用户信息交互过程的方法、体系、指标、数据，可以通过量化或定性分析的方法来研究，也可以基于用户体验、社交网络、数据挖掘和信息交互设计等视角对信息交互行为特征进行深入地挖掘和分析。

（3）阐述了信息生态的相关理论，首先，梳理了学者们对信息生态理论的认知，阐述了信息生态系统的构造；其次，通过信息生态因子的关系、信息生态链的组成、信息生态位的界定等来阐述信息生态理论，指出信息生态系统由信息人、信息、信息环境和信息技术组成，可以通过研究信息生态因子、信息生态链和信息生态位来分析信息生态系统的发展规律。

（4）阐述了新媒体环境下企业与用户的信息交互，包括企业采用的新媒体类型、特征和企业采用新媒体的交互行为。企业采用的新媒体种类较多，如YouTube、Facebook、新浪微博、小程序等，具有智能化、全媒体和以用户为中心的特点。企业的主要信息行为包括信息生成行为、信息传递行为和信息消费行为。

第3章　新媒体环境下企业与用户信息交互行为机理

3.1　新媒体环境下企业与用户信息交互行为动机分析

动机属于心理学研究范畴,指可以激发个体产生某种行动并维持这种行动,最终达到预设目标的心理倾向或内部驱力。[①] 按照动机的目的、来源和范围,可以分为生存性动机和社会性动机、先天性动机和习得性动机、内部动机和外部动机。马斯洛需求层次理论认为人类的内在需求包括生理、安全、社交、尊重和自我实现。外部动机是满足个体需要的外部刺激物,具有促使个体在内部动机的基础上发起行动的作用。美国社会心理学家 Heider(1958)提出了归因理论,认为动机属于思维范畴,通过因果关系推论的方法,从行为的结果来推倒行为动机。[②] Matschke 等人[③]通过两项实证研究发现影响人们参与网络信息交互的因素有很多,其中,内部交互动机、获得声望的需求、交互内容的质量和数量以及程序的公平性是支持参与信息交互的最强动机因素;然而关于贡献时间、努力要求以及对个人反馈的恐惧是阻碍参与信息交互的最强因素。

3.1.1　用户基于新媒体的信息交互动机

(1)生存安全动机

心理学将动机划分为生存性动机和社会性动机。生存性动机也称为内驱

[①] 张剑,郭德俊.创造性与环境因素关系的社会心理学理论[J].心理科学,2003(2):263-267.

[②] 郭德俊.能力理论与成就动机[J].教师教育研究,1993(3):65-70.

[③] Matschke C,Moskaliuk J,Bokhorst F,et al. Motivational factors of information exchange in social information spaces[J]. Computers in Human Behavior,2014,36:549-558.

力,是以有机体自身的生理需要为前提,呼吸、水、食物、睡眠等都属于生存性动机。生存性动机维持有机体活动并满足相应的生物学需要。[①] 社会性动机则包括安全需求、社交需求、尊重需求、自我实现需求。[②] 在用户与企业的信息交互过程中,由于受到生存、安全等动机的引导,用户会充分利用新媒体平台进行信息交互来满足需求。通过移动端达到便捷的交互,获取高质量的信息交互和更好的新媒体平台服务等。

（2）交往动机

交往动机体现了个体的社会属性,包括个体在内在需要驱动下引发的内在动机和由外部动力驱动下引发的外在动机。个体在交往中需要获取群体泛化的信息,使其成为自己的行为方向的指引。通过交往,明确群体对自己的期待,并与自己当前行为进行比对,去异求同,使个体的观念和行为与群体更接近,符合群体发展的需要。否则,个体会感到沮丧、焦虑或失望。因此,人们对交往产生需求和动机。[③] 交往动机是用户信息交互的主要驱动,用户的新媒体平台和企业之间的信息交互得到肯定,获得好友/粉丝,以及社会归属感,信息交互网络可以满足用户群体认可的收益。

（3）成就动机

成就动机被作为人类 20 种心理动机之一,是指一个人为追求预设目标而表现出的驱动力。心理学家对于个体成就动机水平有不同的见解,D. C. McClelland(1976)认为个体的成就动机不同,但处于相对稳定的水平;J. W. Atkinson 认为,人在竞争时会产生两种心理倾向:追求成功的动机和避免失败的动机。[④] 成就动机驱动个体在信息交互中追求自我认定的价值,并使之趋近目标,即以一种高标准来要求自己,力求取得成功。[⑤] 在用户与企业的信息交互过程中,用户在成就动机驱动下,通过新媒体平台参与信息的生产、传递、分解、消费,满足个人信息需求的同时,提升了个人的信息素养,达到了超越自我成为主导交互过程,能够引导话题被高度关注的信息创造者。

① 彭聃龄.普通心理学[M].北京:北京师范大学出版集团,2004.

② 魏巍,黄丽霞.基于马斯洛需求层次理论的农民工信息需求分析[J].图书馆学研究,2016(5):58-62.

③ 孙晓军,谢笑春,张凤娟.人格特质、网络交往动机与网络自我表露的关系:基于表露决定模型[C]//心理学与创新能力提升——第十六届全国心理学学术会议论文集,2013.

④ Forbes D. The achievement Motive[M]// The Science of Why,2015.

⑤ Feld R S. The Development of Achievement Motivation in Black and White Children[J]. Child Development,1977,48(4):1362-1368.

3.1.2 企业基于新媒体的信息交互动机

（1）提升企业核心竞争力

McFarlane[①]认为提升企业信息化能力可以增加企业的价值,使企业获得竞争优势。谢康等人[②]认为企业信息化可以降低企业成本,扩大企业竞争优势,进一步揭示企业信息化和产业信息化将提高未来国民经济水平。在人工智能赋能的互联网时代,企业通过新媒体平台加强信息化管理,增加与用户的信息交互,一方面可以宣传企业的文化、技术、产品、服务等,构建良好的企业形象;另一方面可以了解用户需求,改善用户服务水平,增加用户黏性,开发潜在用户,扩大市场份额,提升企业核心竞争力。

（2）实现企业信息资源的优化整合

随着信息技术的发展,企业原有信息资源数量、信息系统规模越来越大,出现信息过载、冗余、繁杂化。而信息资源是企业的重要战略资源,基于现代信息技术对信息资源的优化整合可以提升企业核心竞争优势和企业的价值共创能力。[③] 企业借助新媒体平台整合战略规划,合理开发信息资源,通过交互完成包括外部信息资源、内部信息资源的合理配置,提升企业信息化水平。

（3）推动企业创新发展

陈升等人[④]认为提高企业信息化水平,提升企业信息交互能力可以增加企业获取资源、知识共享以及创新能力。梁益琳等人[⑤]认为加强企业信息化建设,提升企业信息交互和共享能力,注重企业业务协同和一体化,对助推企业创新发展有显著作用。在高速发展的信息技术和数字经济时代,企业面对的外部环境已经在传统方式基础上发生了巨变,需要借助信息技术,改变经营方式,提升创新能力,利用新媒体平台为企业转型升级赋能。

---

① McFarlane F W. Information technology changes the way you compete[M]. Harvard Business Review,Reprint Service,1984,3:98－103.

② 谢康,陈禹,乌家培.企业信息化的竞争优势[J].经济研究,1999,70(9):64－71.

③ 白君贵,王丹.大数据视角下企业信息资源整合与价值提升研究[J].情报科学,2018,36(9):73－76.

④ 陈升,刘泽,张楠.企业信息化对创新能力的影响机理实证研究——基于资源观理论视角[J].软科学,2017,31(11):44－48.

⑤ 梁益琳,张新,李玲玲.信息化和工业化深度融合对企业技术创新的影响——基于系统动力学的分析[J].当代经济,2019(11):22－28.

3.1.3　企业与用户信息交互动机模型

基于马斯洛需求理论,用户在信息交互过程中有对生理、安全、社交、尊重、自我实现等方面的需求。包括对事物、水、人身安全、社会认同、事业、地位、创造性、自我超越等方面的追求。基于马斯洛需求理论,分析新媒体环境下用户与企业信息交互的内在需求,包括便捷地在移动端使用新媒体满足交互需求、交互信息质量、新媒体平台服务水平;网络安全、隐私保护、交互信息真实性;新媒体平台好友或粉丝的数量、新媒体平台社会网络归属感;身份特权、功能特权、"加 V"特权;主持话题、主导交互过程、高度关注信息创造等。新媒体环境下用户与企业信息交互需求层次如图 3.1 所示。

图 3.1　新媒体环境下用户与企业信息交互需求层次

近年来,数字经济带动新媒体技术快速发展,企业利用新媒体与用户信息交互重组信息消费模式,推动企业创新发展,塑造企业融合经济新业态。企业生存、创新、持续发展是企业与用户信息交互的本质动力。用户需要通过交互过程完成个体生存、发展、自我实现,通过与外界的交互达到在物质层面(生存、安全)以及精神层面(社交、成就)的内化和认定。企业与用户在各自的动机驱动下,利用新媒体技术不断交互,在完成各自信息需求的基础上推动新媒体业态健康发展。新媒体环境下企业与用户信息交互动机模型如图 3.2 所示。

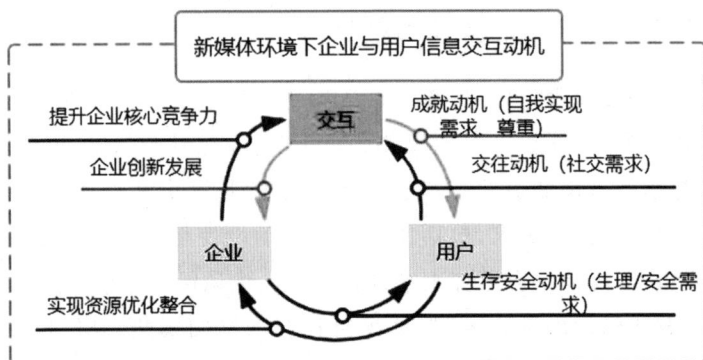

图 3.2　新媒体环境下企业与用户信息交互动机模型

3.2　新媒体环境下企业与用户信息交互过程

3.2.1　新媒体环境下企业与用户信息交互生态系统

新媒体环境下企业与用户的信息交互生态系统是基于信息生态系统理论构建的，是由企业与用户信息交互的生态因子、信息交互生态链和信息交互生态位构成的统一整体。企业与用户信息交互生态因子包括相应的信息交互主体和客体、信息交互技术和环境，如用户、企业信息技术管理部门、企业员工、新媒体平台、信息资源、企业信息技术、企业的信息发展战略、企业制度、企业环境、企业及用户的信息素养等。其中，信息交互主体主导并推动信息交互过程，在企业与用户信息交互过程中发挥关键作用。新媒体环境下企业与用户信息交互的生态链是由信息交互生态因子相互作用、相互影响、相辅相成形成的有机链式结构。新媒体环境下的企业与用户信息交互生态位是企业或用户信息生态链中与其他信息生态因子形成的关系，这种关系是动态的，有追逐平衡的趋向，在平衡—不平衡—平衡中调整。协调信息生态位可以促进企业与用户信息生态系统的平衡发展。新媒体环境下企业与用户信息交互生态系统如图3.3所示。

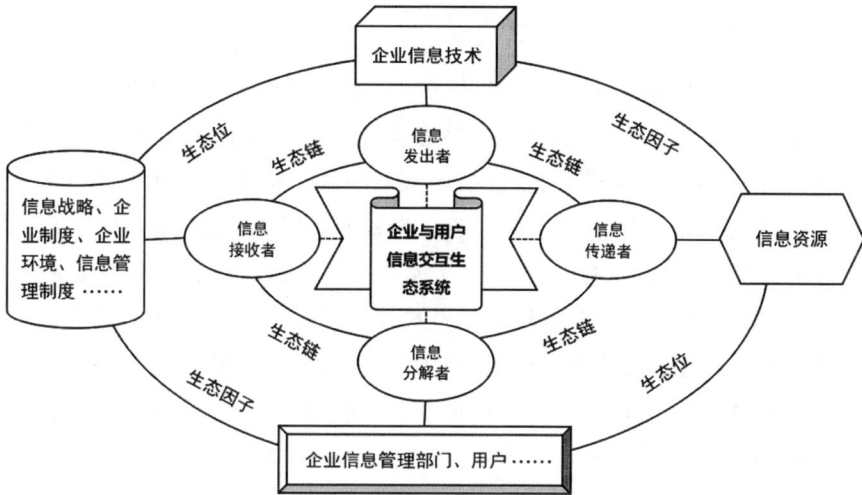

图 3.3　新媒体环境下企业与用户信息交互生态系统

3.2.2　新媒体环境下企业与用户信息交互的过程链

新媒体环境下企业与用户信息交互的过程链是信息生态系统的流转过程。指信息经由信息生产者（发出节点）、信息传递者（传播节点）、信息分解者（中间节点）、信息消费者（接收节点）之间的流转过程。信息交互生态系统的运行即由上述过程组成，循环往复，信息生态要素之间相对稳定，有助于促进信息生态系统平衡。信息的质量、传播的技术、信息处理方式、消费形式等都会对新媒体环境下企业与用户信息交互的过程链产生影响。信息人在信息生态系统中处于主体地位，推动信息生态系统的运行。新媒体环境下企业与用户信息交互过程链如图 3.4 所示。

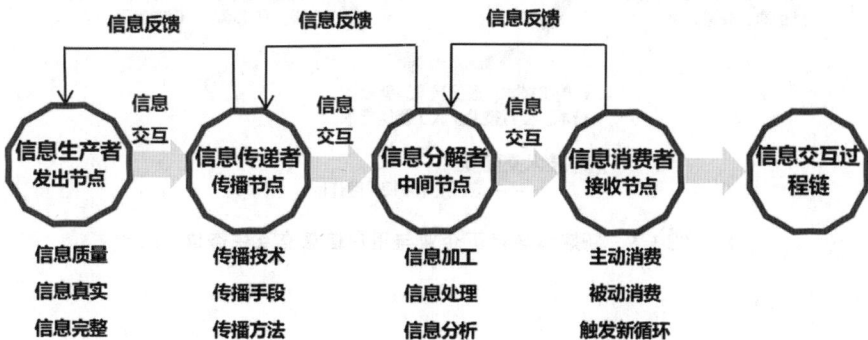

图 3.4　新媒体环境下企业与用户信息交互过程链

3.2.3 新媒体环境下企业与用户信息交互的生态位

新媒体环境下企业与用户信息交互的生态位体现于信息交互模式。本书基于信息生态因子理论,将信息交互生态系统运行分为信息人交互模式、信息交互模式、信息环境交互模式、信息技术交互模式。信息人交互模式按信息人承担的信息流转角色不同,可分为信息生产者交互模式、信息传递者交互模式、信息分解者交互模式、信息消费者交互模式等。信息交互模式按信息种类不同,可分为文字交互模式、多媒体交互模式、虚拟信息交互模式等。信息环境交互模式包括信息外部环境交互模式(政策、经济、社会、法律、文化等)和信息内部环境交互模式(信息网络、系统、资源等)。信息技术交互模式按信息技术的形式不同,可分为网站技术交互模式、新兴技术交互模式(语音识别技术交互模式、眼动跟踪技术交互模式、人机交互技术等)。研究新媒体环境下企业与用户信息交互生态系统运行模式有助于分析企业的信息生态系统运行机制和状态,在不同的时期或情境下,企业可以侧重其中一种交互模式来完成与用户的信息交互。新媒体环境下企业与用户信息交互生态位如图 3.5 所示。

图 3.5 新媒体环境下企业与用户信息交互生态位

3.3　新媒体环境下企业与用户信息交互的信息生态要素

3.3.1　新媒体环境下企业与用户信息交互生态要素模型

　　新媒体环境下企业与用户信息交互的生态要素包括信息交互的主体要素、客体要素、环境要素和技术要素。探索各个要素的内涵、分类、特征、相互关系以分析新媒体环境下企业与用户信息交互行为机理。新媒体环境下企业与用户形成了一个完整的信息生态系统结构,协调发展过程中能够趋近于相对稳定的平衡状态的信息生态系统可达成持续发展,反之,在信息生态系统中由一个或几个要素导致系统失衡,则此信息生态系统最终破裂。本研究从信息生态视角出发研究新媒体环境下企业与用户信息交互的信息生态平衡问题,认为信息生态系统要素由主体(企业、用户)、客体(信息)、环境(自然环境、社会环境)、技术(计算机技术、通信技术、人工智能技术、交互技术、虚拟现实技术、人类信息行为分析技术)组成。探索各要素的特征,研究各要素之间的关系,分析影响各要素的因素是分析新媒体环境下企业与用户信息交互生态系统平衡的关键。企业利用新媒体与用户进行信息交互,必然要研究交互主体——企业及用户、交互信息、交互的信息技术、交互的信息环境。只有上述四个因素和谐共存、互相促进、相辅相成,才能保证企业与用户信息交互过程的生态平衡、持续发展。新媒体环境下企业与用户信息交互生态要素模型如图 3.6 所示。

图 3.6　新媒体环境下企业与用户信息交互生态要素模型图

3.3.2 新媒体环境下企业与用户信息交互的主体要素

新媒体环境下企业与用户信息交互的主体是信息生态系统的决定要素,是本书实证研究首先关注的核心领域。基于信息生态因子理论将主体分为信息的生产者、传递者、分解者和消费者,在本研究中指交互过程中的企业、用户和新媒体平台。在不同的信息环境中,相同主体可以作为信息提供者,也可以作为信息传递者、分解者、消费者等。信息通过新媒体平台在不同的用户和企业之间流通,形成网状交互,如图 3.7 所示。

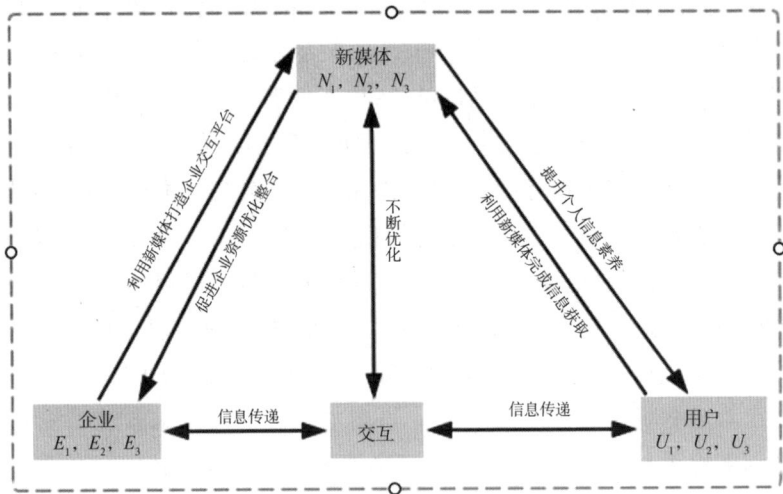

图 3.7　信息交互主体要素

3.3.2.1　用户

用户泛指使用电脑或网络服务的个体或组织,本书研究的用户是使用新媒体平台与企业进行信息交互,具体包括信息的获取、转发、点赞、评论等信息行为达到满足其各个层次的信息需求的个体或网络社群。用户是信息的提供者、传播者、分享者、消费者,按照用户数量可以分为个体用户和网络社群。个体用户是指拥有用户账号和用户名称的信息交互独立个体,通过互联网信息交互完成个体的基本信息需求。根据马斯洛需求层次理论,随着用户的信息交互基本需求得到满足,其对社交需求、尊重需求和自我实现的需求增加。网络交互社群和组织能够满足用户上述需求,并且为用户构建了信息获取、分享、传递和表达的交往平台,为用户带来高质量的交互和体验。网络社群是由具有共同信息交互需求、共同兴趣爱好、共同交互目的的用户组成的群体。网络社群信息交互数据量增加、信息交互模式丰富、信息交互生态链更加复杂,加大了信息交互的深度和广度。网络社群扩增了用户规模,提高了企业信息交互效果和用户经济效益,有助于企业利用信息交互提升品牌影响力。随着通信技术和移动端 App 技术的发展,用户可以不受时空限制随时随地进行信息交户,满足个人的信息需求。社群是用户在网络平台的归属空间,用户更倾向接受社群的信息服务,认可社群的信息价值。因此,社群是企业了解用户的重要渠道。通过社群,企业可以一次性和更多的用户进行交互,减少交互工作量。基于社群特点定制交互内容和方式,通过短视频、直播、小程序等更生动、形象,用户喜闻乐见的方式生产交互信息,提升社群用户信息交互满意度。

3.3.2.2　企业

企业经营以追求利润为最终目的,通过调用各种生产要素,如土地资源、设施设备、劳动力要素、投资资本、研发技术和企业家管理才能等,根据市场需求和定位提供适合的商品及服务,实行自负盈亏、自主经营、独立核算的法人以及其他形式的社会经济组织。本书研究的企业是通过各类新媒体平台与相关组织或个体进行信息交互,了解用户需求,完善经营状况,提升竞争优势的经济组织。企业范畴较为广泛,有农业型企业、生产型企业、金融型企业、服务型企业、各类组织机构等,不同企业的用户类型也有所不同。本书基于信息生态理论视角分析新媒体环境下企业与用户信息交互行为特征和规律,提出企业与用户信息交互行为引导策略,因此本书在选择企业类型时充分考虑企业的代表性,从企业所属地域、企业规模、企业类型、企业的信息交互状况等综合考量,力求研究结果的实效性和可操作性。

3.3.2.3　新媒体

近年来,随着经济、技术的发展,兴起了大量新媒体整合平台。这些新媒体平台以企业经营目标为指向,以用户需求为中心,依托信息交互技术研发、运行,并在过程中完善功能、调整形式、完成迭代。国外常见的新媒体信息交互整合技术平台有 Facebook、Twitter、YouTube、LinkedIn、Google＋、Flickr、雅虎新闻等。国内常见的新媒体信息交互整合技术平台有央视网、新浪微博、腾讯微信、腾讯 QQ、36 氪、虎嗅网、亿欧网、豆瓣、知乎、人脉通、百合网、百度贴吧、天涯论坛等。本书研究新媒体环境下企业与用户信息交互行为,主要关注企业与用户使用的新媒体技术整合平台,包括微博、微信、QQ、App、知乎、360 问答、哔哩哔哩、头条、映客等。

（1）微博

微博（micro-bloging）是微型博客的简称，是基于 Web2.0 技术下可以即时发布消息的自媒体表现形式。用户通过即时通信、SMS、电邮、微博网站或客户端软件，使用 2000 字以内更新信息，除文字信息之外，也可以更新图像（图形）、音频、视频等多媒体内容，并实现即时分享，是一个依托用户关系建立的信息获取、交流、传播、学习平台。具有碎片化、即时性、交互性、大众性、社群性等特点。

2009 年 8 月新浪首推微博内部测试版本，成为国内第一家提供微博信息服务的企业。此后，腾讯、网易、搜狐等企业也陆续推出相应的微博服务平台。其中，新浪微博作为最早的微博服务平台依托新浪网的大数据资源为政府、企业、组织机构、媒体、学校、用户等提供定制化的信息交互服务功能，并根据实际需求不断更新应用，成为中国企业及网民进行信息交互的首选平台。根据网站流量全球综合排名查询平台 Alexa 的统计数据显示，新浪微博排在第 15 位。在新浪微博平台，可以获取热门消息、头条速览、视频内容、事件榜单、社会、时尚、电影、体育等各类关注信息。在视频功能模块，设置了美食、游戏、影视、娱乐、时尚美妆、vlog、搞笑幽默、故事、日榜、酷燃视频等。在发现功能模块，可以关注国际、科普、财经、体育、健康等热门微博。在游戏功能模块，玩家可以体验多款热门游戏产品，并为未成年人设置了防沉迷体验功能。具有"蓝 V"标识的企业微博具备权威认证，可信度较高。在运营优势方面，利用新浪微博平台提供的多种运营工具，提高粉丝经济效益。在营销推广方面，借助数据分析定位目标消费群，使广告精准高效，助力企业营销。用户可以通过关注企业微博对企业发布的信息进行查询、获取、收藏、转发、评论、点赞等，与企业进行信息交互。针对个人用户，也有相关认证机制，如具备微博"金 V"标识的个人用户被定义为"最具影响力的'V 用户'"，需满足近 30 天阅读量大于 1 000 万，粉丝数大于 1 万，遵守社区公约等条件。

（2）微信

微信是 2011 年腾讯推出的一款专为智能终端设备研发的即时通信应用软件。微信兼容各类运营平台，支持文字、图像（图片）、音频、视频的传输，且免费提供上述功能（消耗的网络流量除外），迅速被企业级用户采纳为信息交互平台。截至 2019 年年底，微信月活跃账户数达到 11.5 亿，成为移动端信息交互的主要平台。微信具备聊天（群聊、消息群发）、添加好友、实时对讲、微信支付、卡包、看一看、搜一搜、购物、小程序等功能和模块。一方面，企业可以通过建立公众微信账号更加近距离地在微信平台上搜集用户信息,找到目标用户,对用户进行产品推广,收集用户信息和反馈意见,同时将用户进行细分,提供定制化的精准服务,提高企业运营效率。另一方面,用户可以通过搜索、关注企业微信公众账号了解企业信息、产品细节。在企业微信公众号平台设置的主要模块,如 ALDI 官方服务号设置的"精彩推荐""精选商城""会员中心"等查询企业推送信息,浏览商品目录和价格,确定购买意向。企业收集每一次的交互数据对用户信息行为、消费数据进行处理和分析,得出用户画像,有助于企业对用户进行精准营销和定制化服务。

（3）App

App 取自单词 application 前 3 个字母,指在移动终端使用的应用软件。App 可以起到弥补手机、iPad、智能手表等设备初始状态功能不完善的弊端,使用者可以根据自身需要下载安装适合的 App 完成移动端的在线交互、移动支付、移动办公、信息搜索、在线学习、购物体验等。根据第 44 次《中国互联网络发展状况统计报告》统计,截至 2019 年 8 月我国使用手机上网的人口数量达到8.5 亿,占全部网民数量的 99.1%,占我国总人口的 62.7%。手机以其强大的功能和使用便捷的特性,已经改变了人们的信息行为和生活方式。企业可以将网站功能和内容转移到 App 平台,实现移动办公、产品推广、用户交互、电子商务运营等。用户可以随时通过移动端与企业完成交互,查询信息,选择自己需要的产品和服务,完成购买、订阅等,并且使用产品或服务过程中出现的问题可以便捷地与企业进行在线沟通,寻求客户服务支持或退货处理。目前,从全球范围来看,App 已经成为品牌运营商宣传企业文化、推广企业产品、收集用户信息、销售商品、引导用户价值等的重要平台。企业通过 App 建立移动销售平台,简化销售渠道;通过二维码扫描,完成线上与线下的信息整合;通过收集用户 App 使用行为数据,挖掘用户需求,建立用户数据库,提供精准服务。

3.3.3　新媒体环境下企业与用户信息交互的客体要素

新媒体环境下企业与用户信息交互的客体要素是信息。"信息"一词在英语、法语、意大利语、西班牙语等印欧语系国家中写作"information",日文中为"情报",我国古代使用的是"消息"。① 1928 年,哈特莱（Ralph Vinton Lyon Hartley）基于多年的工作和研究成果对信息论进行了补充,在发表的《信息传

---

①　百度百科. 信息[EB/OL]. [2019 - 10 - 19]. https://baike. baidu. com/item/%E4%BF%A1% E6%81%AF.

输》一文中首次提及"信息"的概念。他认为信息是有新知识、新内容的消息。1948 年,信息论奠基人香农(C. E. Shannon)对信息进行了全面的释义,认为信息是用来消除随机不确定性的对象,提出了信息的量化和编码方法。这一定义被信息学领域作为经典解释并沿用至今。此外,控制理论开创者维纳(Norbert Wiener)认为信息是人们与外部世界协同发展过程中,两者之间的适应和反作用环境下产生的交流和交流的内容。管理学领域专家认为信息是制定战略规划和运营决策时使用的相关数据。

信息用来描述客观事物运动状态和变化规律,按社会属性可分为社会信息、自然信息;按空间范畴状态可分为宏观信息、中观信息、微观信息;按信源类型可分为内源性信息、外源性信息;按信息产生的价值可分为有用信息、无害信息、有害信息;按信息作用的时间区域可分为历史信息、当前信息、未来信息;按信息载体可分为文字信息、实物信息、声像信息。本书研究的信息企业与用户之间是依托新媒体平台进行交互的所有形式的信息内容的总和,常见的形式有以下四类:文字、图像(图形)、声音、视频。文字内容是信息的主要表现方式,文字、图像(图形)、声音、视频等两种或多种结合为多媒体是信息的形象化展现方式,使人们有更多的感官通道参与信息交互过程,得到更多的交互体验,改变交互效果。信息交互的客体要素在不同环境下通过文字、多媒体等展现方式呈现在各类新媒体平台,供信息交互主体使用。交互客体要素如图 3.8 所示。

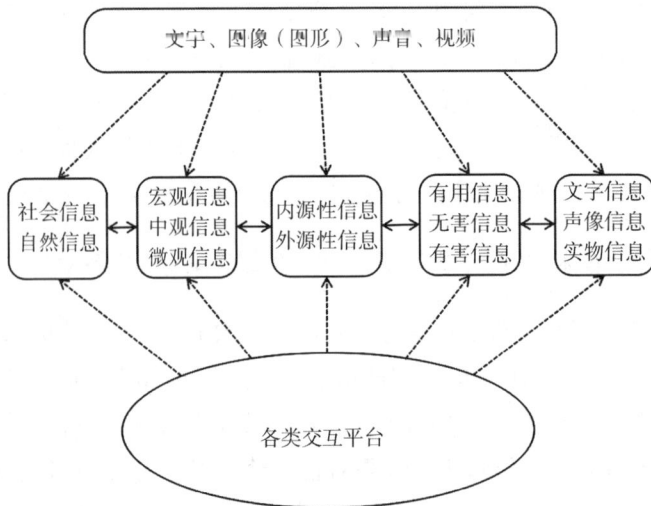

图 3.8　信息交互客体要素

（1）文字内容

文字是记载在不同载体上的信息，具有记录、交流、传播、审美、传承文明的功能。网络平台上的文字内容是新媒体环境下企业与用户信息交互客体要素的主要组成部分。在不同的媒体形式下，文字的类型和表达方式也有所不同。在视频类平台，如腾讯视频、爱奇艺、搜狐视频、芒果 TV 等，文字内容主要以短文本为主，主要起到辅助解释视频内容的作用；在社交类平台，如 Facebook、Twitter、新浪微博、腾讯微信等，文字内容以短文本与长文本结合的方式，主要起到辅助信息交互的作用；在问答类平台，如 Answers、Yahoo、360 问答、知乎等，文字内容主要以长文本为主，也是问答平台最主要的信息形式。文字内容是各类媒体平台所有表现形式的基础，主要功能是表达信息，而表达能力影响信息交互的效果。

（2）多媒体内容

多媒体内容包括文字、图像（图形）、声音、视频、表情、链接等其中两种或多种结合而成的复合媒体展现内容。

图像是以各类设备捕捉到的场景并以数字化形式储存的画面；图形是在二维空间里用线条划分出的可识别的空间形状，具有确定的轮廓，缺乏延展性。新媒体平台上图像（图形）的种类很多，常见的如 App、微博、微信平台上分享的静态的、动态的图片。通过图片推送传递信息和价值，用户选择图片再加工或分享，形成信息的分解和内容的传播。声音是物体振动产生的波动，在信息学领域可理解为音频、语音。越来越多的声音内容被作为各类新媒体平台的交互的形式，常见的如得到 App 的知识学习栏目、学习强国 App 提供的海量音频学习资源、美国的潘多拉电台（Pandora Radio）提供的个性化音乐广播服务等。声音内容通过各种声音的形式把信息表达出去，声音更加趋近现实，有现场感，语音传播增加信息交互亲和感，在某些情况下，声音比文字的交互效果更优。视频是利用电信号将连续静态图像捕捉、处理、储存、展现的信息内容。视频内容是视频类平台的主要交互形式，视频生动形象的展现方式越来越被企业和用户所采纳。2005 年，随着网络技术和新媒体技术的发展，各种交互式视频开始兴起。交互式视频是指注重用户体验的前提下利用视频技术进行在线信息交互。交互式视频包括以下 3 种：①用户在观看时可以根据自身需要进行调整变量元素的可定制式交互视频。②用户用会话的方式参与视频交互改变视频顺序或结果的会话式交互视频。③用户根据少量提示甚至无提示的情况自行探索交互的点或交互方式的探索式交互视频。多媒体内容在上述信息技术基础上根据企业和用户的需求不断衍生出越来越多的形式,发展空间越来越大,未来随着虚拟技术的不断成熟,多媒体内容的呈现方式将更加丰富。

3.3.4 新媒体环境下企业与用户信息交互的环境要素

(1)信息交互环境内涵

信息交互环境,是交互过程中形成的虚拟环境或象征性交互现实,是交互主体互动时对信息的使用、传播、生成等行为构成的总体环境。信息交互环境包括自然交互环境和社会交互环境。自然交互环境包括水土、气候、地理条件等影响的交互环境,社会交互环境包括由政策法规、经济制度、技术条件、文化状态、信息素养等影响的交互环境。自然交互环境是社会交互环境的基础,社会交互环境影响自然交互环境。在信息生态系统内部,广义的信息环境指信息人和信息相互作用的所有的活动总和,因此,信息交互环境可以理解为信息人与信息发生作用的全部行为、条件、结果、涉及因素等的综合范畴。狭义的信息交互环境将信息技术作为独立的信息交互因子分隔出来,指信息人利用新媒体平台以及多种信息技术与信息发生作用的全部行为和环境范畴。近年来,信息技术的发展日新月异、层出不穷,使其在信息生态系统的作用和地位不断上升,因此本研究加强对信息技术的分析,关注狭义的信息交互环境,可以充分挖掘信息技术与信息环境在信息交互生态系统中的作用机制。

(2)信息交互的新媒体环境

从 20 世纪 60 年代起,新媒体以其便捷、功能强大、传播范围广、易于使用的优势逐渐被广泛地应用于信息交互场景。随后,信息传播技术以及交互硬件设施不断更新发展,促进了新媒体的迭代升级,政府、企业、组织、个人越来越多地使用新媒体平台完成信息交互,满足信息需求,新媒体已经成为当前信息交互最主要的平台支撑。信息交互的新媒体环境指信息交互主体利用各类新媒体平台沟通、交流、搜索、分享信息等过程构成的一切活动和客观要素。本书研究的信息交互新媒体环境包括企业利用微博、微信、App、企业网站、各种类型网络平台、电视媒体等与用户进行信息交互的活动,以及在此过程中形成的交互关系、客观环境、交互条件、交互结果等。

2018 年开始,国家高度重视新媒体产业的发展,多次召开专向会议部署新媒体发展规划。习近平总书记指出:"我们不断推进理论创新和实践创新,不仅走出一条中国特色治网之道,而且提出一系列新思想新观点新论断,形成了网络强国战略思想。"①国家战略部署为新媒体发展提供了根本保障。同时,为促进新媒体产业健康发展,相关部门加强对新媒体产业的监管,解决了产业发展中出现的问题,阻止了行业发展的不良趋势。新媒体发展面临机遇与挑战,经历了行业的深度重组,整体态势趋于稳定,但主要巨头之间仍然存在激烈竞争。虽然我国互联网用户规模增长速度放缓,但以视频产业、网络游戏为代表的新媒体行业发展依旧保持着高速增长。尤其是拥有核心信息交互技术,有较好的用户体验的企业逐渐成为行业佼佼者。新媒体环境下企业与用户信息交互环境要素如图 3.9 所示。

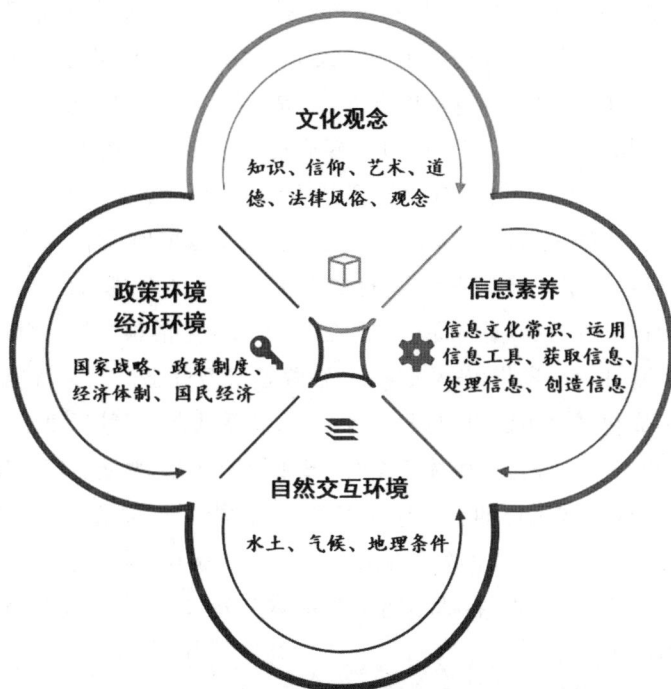

图 3.9　信息交互环境要素

3.3.5　新媒体环境下企业与用户信息交互的技术要素

3.3.5.1　信息交互技术内涵

信息交互技术是指在交互过程中伴随着信息的生产、传递、分解、消费所使

---

①　新华网.习近平:自主创新推进网络强国建设[EB/OL].[2018-04-21]. http://www.xinhua-net.com/politics/2018-04/21/c_1122719810.htm.

用的一切管理和处理信息的技术总和,融合了新媒体技术、计算机技术、通信技术、交互技术、人类信息行为分析技术等来综合设计、研发、运行的交互技术体系,信息交互技术是保障信息交互的基石和强大动力。美国著名软件设计师,享有"交互设计之父"之称的艾伦·库珀(Alan Cooper)坚持创建以用户为中心的技术研发思维,使信息技术更实用,技术团队更高效,信息产品更被用户接受、喜爱。

3.3.5.2　信息交互技术特征

新媒体技术是以信息处理技术和网络技术为基础在传统媒体技术上发展而来的具有融合性、实用性、易用性、更新便捷、适用场景丰富等优势的综合技术形式。人工智能正在主导一场新的科技革命和产业变革,推动人工智能在政治、经济、科技、文化、民生等领域的发展,对提升我国在世界各国的综合实力竞争中有关键作用。李克强总理在 2019 年政府工作报告中指出,要打造工业互联网平台,拓展"智能+",为制造业转型升级赋能。[①]"智能+"是"互联网+"的延伸,以更加智能的传播媒介和传播形式打造人工智能赋能的经济发展业态。人工智能技术应用于传统工业产业,打造出智能研发体系、智能工厂设施、智能物流配送等智能化的供应链体系。人工智能技术与生活领域相结合,形成智能化的交通、教育、医疗、零售、娱乐、餐饮、旅游等新型业态。人工智能与政务体系相结合,形成智慧城市建设、智慧政务平台、智慧法制、智慧环境治理、智慧安保等。人工智能与传统传播媒体相结合,形成智能推荐、智能新闻编辑、智能机器视觉、智能 AI 合成主播的新型应用场景。"智能+"信息交互技术加速了新媒体全程、全息、全员、全效的发展脉络,促使新媒体不受空间、时间限制,具备多样化的交互手段和形式,容纳不同交互主体充分参与,全面提升信息交互效果和交互功能。

3.3.5.3　新媒体信息交互支撑技术

常见的新媒体信息技术包括压缩编码技术、数字音频技术、图像(图形)制作技术、新媒体素材制作技术、新媒体传输技术、新媒体检索技术、新媒体应用技术、新媒体安全技术等。近年来,短视频、区块链、视听新媒体技术、小程序、数字报纸等新媒体技术逐渐兴起并被使用者接受,带动新媒体技术朝向"以用户为中心"的方向发展。"交互"是新媒体的核心,综合运用新媒体技术并力求

[①]　新华网.政府工作报告[EB/OL].[2019 - 03 - 17]. http://www.xinhuanet.com/mrdx/2019 - 03/17/c_137901424.htm.

体现交互性是满足企业与用户信息需求的保证。以下介绍 5 种新媒体信息交互支撑技术。

（1）短视频技术

短视频即短时长视频，是一种新兴的信息交互传播方式，一般指在各类新媒体上传播时长小于 5 分钟的视频。随着通信技术的飞速发展以及移动终端的广泛普及，短平快、大流量的短视频交互方式逐渐被越来越多的企业和用户采纳和开发，作为提高信息交互效果的新途径。内容视频化成为互联网信息交互的主要形式，各大互联网企业如百度、腾讯、阿里巴巴、网易、微博、秒拍、快手、今日头条等纷纷布局短视频领域，在政务、民生、企业经营等拓展应用。短视频以其内容精致短少、快捷高效、生动形象、引入性强等特点，作为网络视频产业的代表未来还将持续快速发展。

（2）网络直播技术

常见的网络直播有两种：一种是基于网络数字技术通过网络电视信号提供在线直播，是将传统直播在网络呈现的方式。主要技术形式是将采集的电视信号（模拟信号）转换为数字信号输入电脑，在网络实时播放，可以理解为"网络电视"。另一种是基于新媒体技术发展而来的更灵活的直播形式，通过在直播现场架设独立的音频、视频等信号采集设备，同步将采集信号传输至导播设备或平台，通过网络上传至服务器，最后发布至相关网页供人观看。在短视频基础上，一种以视频方式记录日志的 vlog（视频日志）逐渐兴起。vlog 以叙事感强、有亲和力、较为真实贴切等优势成为网络直播行业竞争的热点。网络直播技术受自身特性和外界环境影响较大，如过度依赖主播水平、直播时长较短、内容质量管控困难、国家对直播行业的严格监管等，对网络直播造成一定的冲击，但同时也是触发网络直播技术革新提升的时机。

（3）5G +4K 技术

第五代通信技术（5th Generation Mobile Networks，简称 5G），可以进行高数据速率传输，有效减少信息延迟，节省能源消耗，降低传输成本，提高系统的容量，实现大规模设备连接。2018 年，第五代移动通信技术标准（5G NR）独立组网（SA，Standalone）在美国获批，意味着全球在 5G 产业发展标准认定上首次达成共识，接下来进入产业发展阶段。5G Release 15 完整版本 SA（独立组网）具备革新式研发理念和组网架构模式，不仅支持全新接口、网元的引入，而且可以实现大规模的网络虚拟，通过软件定义网络技术，构建新型网络创新架构。5G 独立组网带来了大数据量、低误差、低延时、大链接等各种支持信息交互的全新模式，根据企业及用户需求提供相应的定制化服务，满足各类新媒体业务需求。[①] 4K 是一种应用于电视、电影、手机、电脑、iPad 等电子消费品的高清显示技术，是显示技术领域突破性的变革。与 3D 显示、多屏互动等技术相比，4K 画质技术提供一种持续稳定的高质量画面显示，提升了视觉感染力和内容的呈现。"5G 通信+4K 显示"技术为新媒体产业提供了全新的传播模式，为新媒体产业发展注入了源源不断的活力。

（4）区块链技术

区块链（blockchain technology）是共识机制、点对点数据传输、分布式数据存储、加密算法等计算机技术的新型应用模式。本质上是一个去中心化的数据库，通过加密链式区块结构来验证并储存数据，通过分布式节点共识算法来生成和更新数据，通过自动化脚本代码来编程和操作数据。区块链颠覆了人们对数字技术的认知，掀起了一场新的数字技术和产业革命，加速了互联网的交互模式创新和价值再造。[②] 区块链媒体（blockchain journalism）是指基于区块链技术打造的新媒体平台，具备区块链的本质，即分布式、匿名、去中心化、共同维护的特征，是可以发放通证（token）的新媒体。目前，各大互联网巨头已经投入研发，利用区块链改善企业运营流程。腾讯依托 Trust SQL 技术，打造企业级区块链服务模式，通过区块链+供应链金融、区块链+数字资产、区块链+物流信息、区块链+医疗、区块链+法务存证、区块链+公益寻人等多种应用模式，实现提高信息交互效果、为企业降本增效的目的。阿里巴巴将区块链技术去中心化、分布式存储及防篡改的特性应用于公益、正品追溯、租赁房源溯源、互助保险等，提高企业信息交互的准确性和效率，满足企业经营过程对数据安全的需求。京东将区块链技术应用于产品防伪溯源流程，通过对供应链数据的有效分析，准确判断产品的真伪及问题发生位置，解决了原有信息交互过程中对真伪难以厘清，问题难于查询的痛点，保障了信息交互主体的利益。

（5）交互及信息行为分析技术

交互按照对象不同可分为人机交互和人人交互，两种交互方式都需要从人

---

① 新华网. 国际 5G 标准正式发布［EB/OL］.［2018 - 06 - 14］. http://www. xinhuanet. com/2018 - 06/14/c_1122987237. htm.

② 中华人民共和国工业和信息化部. 信息中心发布《2018 中国区块链产业白皮书》［EB/OL］.［2018 - 05 - 21］. http://www. miit. gov. cn/n1146290/n1146402/n1146445/c6180238/content. html.

的角度设计交互内容识别。常见的交互技术有语音识别技术(有声语音识别技术、无声语音识别技术),眼动跟踪技术,触觉刺激技术,仿生技术,人机界面技术、脑波交互技术,虚拟现实技术(VR),增强现实技术(AR),人工智能技术等。对信息行为分析则需要借助数据挖掘技术、数据分析技术、大规模并行处理(MPP)数据库技术、分布式文件系统技术、云计算技术、互联网和可扩展的存储技术、物联网技术等。新媒体环境下企业与用户信息交互技术要素如图3.10所示。

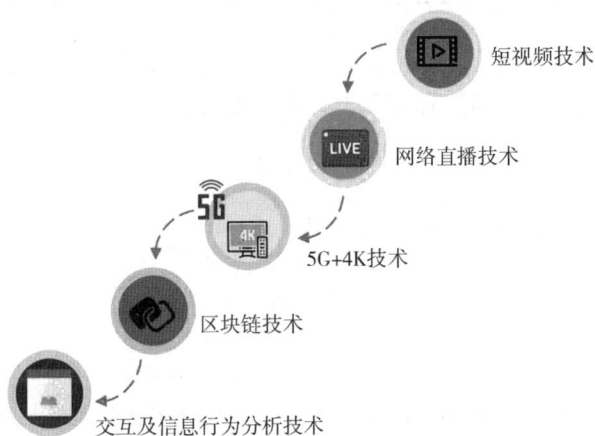

图 3.10　信息交互技术要素

3.4　新媒体环境下企业与用户信息交互机理系统模型

本节基于信息生态理论从企业与用户利用新媒体进行信息交互的动机、信息交互过程、信息交互生态要素三个方面构建新媒体环境下企业与用户信息交互机理系统模型,如图 3.11 所示。内部和外部交互动机是触发企业与用户进行信息交互的诱因,信息在生产者、传递者、分解者、消费者之间流转形成信息生态链。信息交互生态要素是信息交互生态系统的主要构成,生态要素之间的关系影响信息交互生态系统的稳定性和平衡性。信息交互生态位是不同情况下信息交互的具体展现形式。信息交互系统运行机理是支撑新媒体环境下企业与用户信息交互的机制保障,是本研究的理论核心框架。

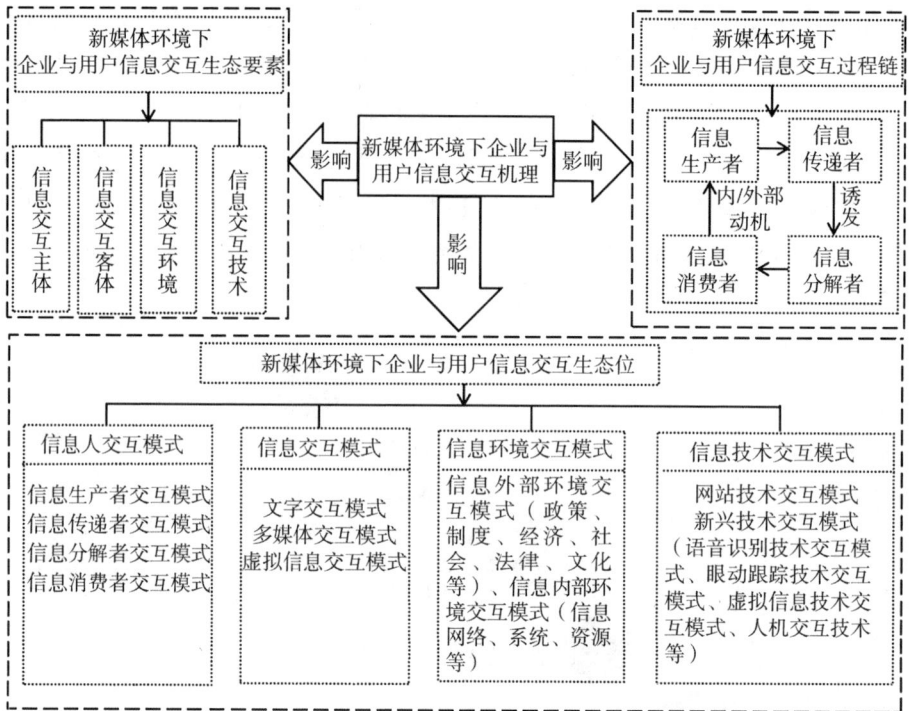

图 3.11　新媒体环境下企业与用户信息交互行为机理系统模型

　　基于新媒体环境下企业与用户信息交互行为机理系统模型,本研究构建新媒体环境下企业与用户信息交互行为模型,如图 3.12 所示。信息交互模型是本研究的主题框架,是实证研究和案例研究的基础,对模型说明如下。

　　(1)信息人因子是信息生态因子的关键组成部分,研究信息人对研究信息交互生态系统有重要意义。因此,首先基于信息生态因子视角研究信息人的作用机制,分析新媒体环境下企业与用户信息交互行为特征,包括转发与被转发行为、关注与被关注行为、评论与被评论行为、信息互动行为凝聚性、信息互动交互词频等。

　　(2)基于 4 个信息生态因子,即信息人、信息、信息环境、信息技术的视角研究新媒体环境下企业与用户信息交互影响因素。包括针对信息人要素,提出新媒体沉浸体验、用户个体认知、用户新媒体信息交互满意度和用户新媒体信息交互行为;针对信息要素,提出新媒体信息质量;针对信息环境要素,提出新媒体服务质量;针对信息技术要素,提出新媒体系统质量。

　　(3)基于 4 个信息生态因子视角构建新媒体环境下企业与用户信息交互效

果评价体系。包括针对信息人要素,提出信息交互安全性和信息交互参与性指标;针对信息要素,提出信息交互有用性和信息交互易用性指标;针对信息技术要素,提出新媒体平台指标;针对信息环境要素,提出信息交互服务性指标。

(4)基于信息生态位视角分析新媒体环境下企业与用户信息交互模式,包括用户生成内容交互模式、"智能+"交互模式和"线上+线下"交互模式。

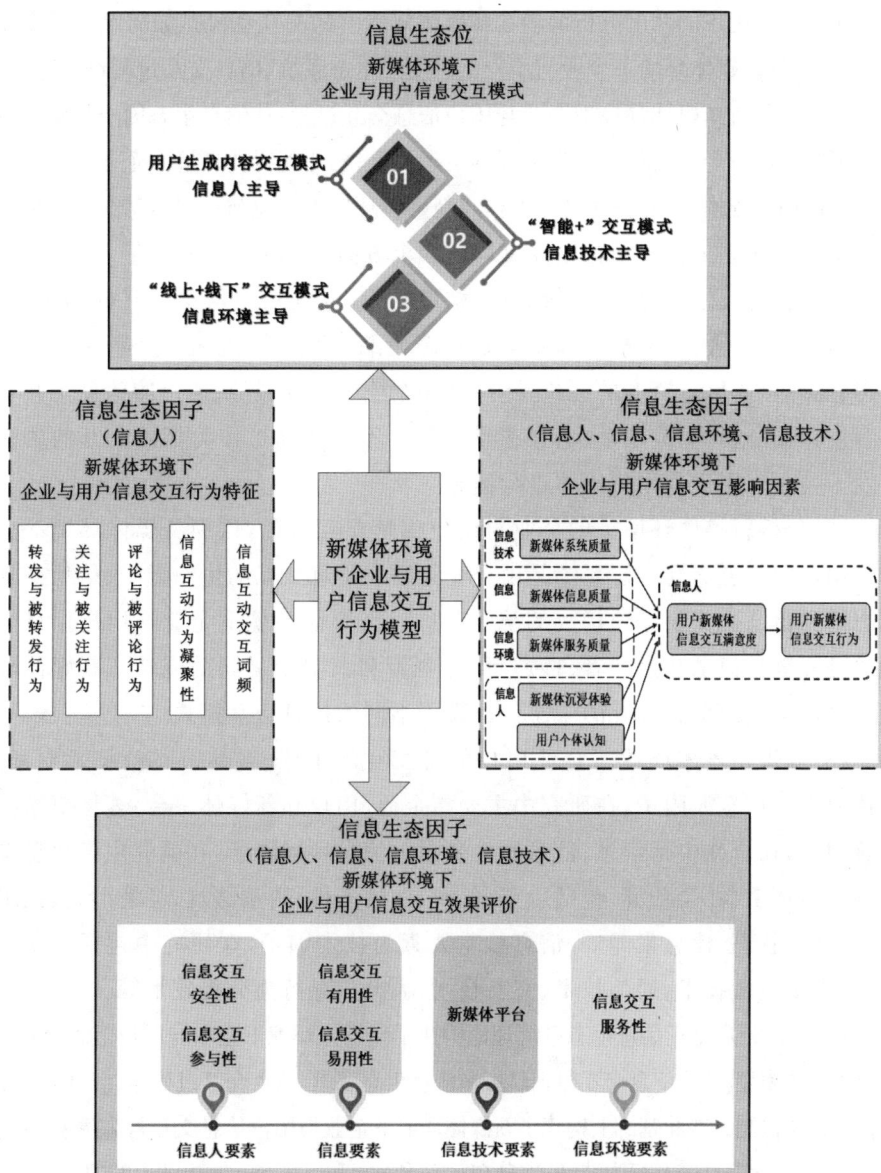

图 3.12　新媒体环境下企业与用户信息交互行为模型

3.5 本章小结

本章基于信息生态系统理论分析新媒体环境下企业与用户信息交互行为机理。从企业和用户的角度分析两者在新媒体环境下的交互动机是如何触发信息交互行为的；从新媒体环境下企业与用户信息交互生态系统、信息交互过程链、信息交互生态位来分析新媒体环境下企业与用户信息交互过程；从信息生态因子的角度分析新媒体环境下企业与用户信息交互的生态要素；构建新媒体环境下企业与用户信息交互机理系统模型，并在此基础上构建新媒体环境下企业与用户信息交互模型。

本章的研究工作和结论主要有以下四个方面。

(1)基于信息生态理论分析新媒体环境下企业与用户信息交互的动机，认为交互动机分为内部动机和外部动机。企业的交互动机包括提升企业核心竞争力、实现企业信息资源的优化整合、推动企业创新发展等；用户的信息交互动机有生存安全动机、成就动机、交往动机等。不同的动机作为信息交互的诱因触发了企业与用户利用新媒体进行信息交互。

(2)分析新媒体环境下的企业与用户信息交互过程，认为新媒体环境下企业与用户的信息交互生态系统是由企业与用户信息交互的生态因子、信息交互生态链和信息交互生态位构成的统一整体。新媒体环境下企业与用户信息交互的过程链是信息在生产者、传递者、分解者和消费者之间的流转。新媒体环境下企业与用户信息交互的生态位体现于不同的信息交互模式。

(3)分析新媒体环境下企业用户信息交互的主体、客体、环境、技术要素。主体要素为信息人因子，在研究中主要指企业、用户和新媒体平台；客体要素为信息因子，在研究中指信息；信息环境要素为信息环境因子，在研究中指信息交互的自然环境、社会环境，包括水土、气候、地理条件、政策法规、经济形式、技术条件、文化状态、信息素养等；信息技术要素为技术因子，在研究中包括短视频技术、网络直播技术、通信技术、交互技术、人类信息行为分析技术等。

(4)本章最后基于信息生态系统理论构建了新媒体环境下企业与用户信息交互行为机理系统模型，认为信息交互机理是影响信息生态要素、信息交互过程链、信息交互生态位的根本机制。在此基础上构建了新媒体环境下企业与用户信息交互行为模型，作为第4—7章探索信息交互行为特征、信息交互影响因素和信息交互效果评价的理论框架。

第 4 章　新媒体环境下企业与用户信息交互行为特征分析

4.1　新媒体环境下企业与用户信息交互行为问题的提出

据第 44 次《中国互联网络发展状况统计报告》显示,截至 2019 年 6 月,我国互联网用户规模总量达 8.54 亿,较 2018 年年底增长约 3.1%;互联网普及率达 61.2%,较 2018 年年底增长约 1.6%;我国手机网民规模达 8.47 亿,较 2018 年年底增长约 3.7%;网民使用手机上网的比例达 99.2%,较 2018 年年底增加0.5%。① 基于互联网技术的数字经济结合微博、微信和 App 等各种新媒体,全面地推动了社会经济发展的经营模式创新和管理创新。新媒体以其综合性强、交互性广、信息传播速度快且范围广等优势,促进了信息的有效传播。② 企业需要借助新媒体环境为其构造与用户进行互动的信息交互环境,以更好地推动企业创新发展从而提供所需的产品及服务,并最终提升企业的核心竞争力;用户也需要借助新媒体与企业交互来满足自身的个性化消费需求。③

目前,国内外相关学者展开了针对企业与用户进行信息交互的相关研究。G. Marchionin 分析了信息的本质,以及人们之间信息交互改变的方式,总结了过去 30 年人类信息的交互形式以及未来人们在该领域将面临的挑战;④Mi-

---

① CNNC. 第 44 次《中国互联网络发展状况统计报告》[EB/OL]. [2019 - 08 - 30]. http://www.cnnic. cn/hlwfzyj/hlwxzbg/hlwtjbg/201908/t20190830_70800. htm.

② 王晰巍,邢云菲,张柳,等. 社交媒体环境下的网络舆情国内外发展动态及趋势研究[J]. 情报资料工作,2017(4):6 - 14.

③ 徐升华,汤敏倩. 社会化媒体的背景、内涵与辨析——国外研究文献述评[J]. 情报理论与实践,2017(5):28 - 32.

④ Marchionini G. Human-information interaction research and development [J]. Library & information science research,2008,30(3):165 - 174.

chael 认为信息可以分为简单信息和复杂信息,人们对于两种信息的交互需求是不同的,通过对不同信息做不同的设计策略,将最大限度地发挥信息交互的潜力和作用;①Zhao 等人发现企业微博用户的参与度对改善企业服务或产品至关重要,但许多企业仍然面临着微博低互动或非互动参与的挑战,信息质量、娱乐价值、服务质量和社会互动是品牌微博参与意向的四个重要推动者,而信息超载是品牌微博参与意愿的重要抑制因素。② 刘晶等人利用信息理论分析了微博用户的信息行为特点,构建了用户活跃交互网络,并观察交互网络的动态性,分析了社交网络用户群体的在线行为模式及特点;③邓胜利分析了从人机交互到用户信息交互的社会学范式和演变过程,构建了网络用户信息交互行为模型,从行为维度和情景维度分析了社交网络环境下用户的交互过程;④孙璐等人应用探索性案例研究方法分析了小米公司获得竞争优势的原因,提出企业信息交互能力及其研究框架。⑤ 从国内外学者现有研究来看,从企业管理、社交网络以及用户体验等方面进行企业与用户之间的信息交互的研究相对较多,针对新媒体环境下企业与用户进行信息交互构建行为模型和进行行为特征分析的研究成果相对较少。

本章在研究中试图解决以下三个方面的问题:(1)新媒体环境下企业进行信息交互行为的分析方法是什么?(2)如何构建新媒体环境下企业与用户信息交互行为模型?(3)如何结合典型行业分析新媒体环境下企业与用户的信息交互行为特征?本章在对用户信息交互行为相关理论及社会网络分析方法进行梳理的基础上,基于 SICAS 模型构建了新媒体环境下企业与用户信息交互行为模型,并结合汽车行业中三个代表性企业进行企业微博与用户信息交互行为分析。本章的研究对企业了解新媒体环境下用户信息交互行为特征,并利用新媒体更好地加强与用户之间的信息互动,从而提高在新媒体环境下的竞争优势具有一定指导作用。

---

① Michael J Albers. Human-Information Interaction with Complex Information for Decision-Making [J]. Informatics, 2015, 2(2):4 – 19.

② Zhao. HC, Su. CT, Hua. ZS. To participate or not to participate in a brand micro-blog: Facilitators and inhibitors [J]. Information Development, 2016, 32(5):1774 – 1785.

③ 刘晶,李琳,李石君. 基于社交网络大规模行为数据的用户关系研究[J]. 计算机应用与软件, 2016(33):38 – 41.

④ 邓胜利. 网络用户信息交互行为研究模型[J]. 情报理论与实践, 2015, 38(12):53 – 56, 87.

⑤ 孙璐,李力,陶福平. 信息交互能力、价值共创与竞争优势[J]. 研究与发展管理, 2016, 28(6): 101 – 113.

4.2　构建新媒体环境下企业与用户信息交互行为特征模型

4.2.1　社会网络分析

社会网络分析是一套用来分析多个个体通过相互联系构成的网络结构、性质以及其他用于描述网络属性的分析方法。[①] 社会网络分析方法认为网络由多个节点组成,通过分析网络关系得出网络属性特征以及网络结构,其中网络属性特征由网络整体属性和网络个体属性组成。通过分析接近中心性、点度中心性、中介中心性指标来衡量网络个体属性;网络的整体属性分析包括小世界效应、小团体研究和凝聚子群等。[②] 新媒体环境下,基于社会网络分析方法中的点度中心性、中介中心性、接近中心性指标和特征向量中心性指标,可以帮助分析企业与用户之间的信息交互行为特征。[③]

4.2.2　新媒体环境下企业与用户信息互动行为特征模型

互联网数据中心(DCCI)于 2011 年提出 SICAS 模型(sense interest & interactive-connect & communicate-action-share),用来记录用户行为和消费轨迹的多维互动过程,而非单向的递进过程。该模型包括品牌—用户互相感知(sense),产生兴趣—形成互动(interest & interactive),用户与品牌商家建立连接—交互沟通(connect & communication),行动—产生购买(action),体验—分享(share)。[④]

本章基于 SICAS 模型,结合新媒体环境下企业与用户信息交互的行为特征,构建了新媒体环境下企业与用户信息交互的行为特征模型,如图 4.1 所示。该模型中,采用社会网络分析和语义分析方法来支撑新媒体环境下企业与用户进行信息互动的行为分析。其中,用社会网络分析方法中的点度中心性指标分析信息互动中的转发与被转发行为;用中介中心性指标分析关注与被关注行

①　赵丽娟.社会网络分析的基本理论方法及其在情报学中的应用[J].图书馆学研究,2011(20):9-12.

②　Savigny H. Public opinion,political communication and the Internet[J]. Politics,2002,22(1):1-8.

③　王晰巍,邢云菲,赵丹,等.基于社会网络分析的移动环境下网络舆情信息传播研究——以新浪微博"雾霾"话题为例[J].图书情报工作,2015,59(7):14-22.

④　许缦.基于 SICAS 模型的移动 APP 营销模式和策略研究[J].经贸实践,2017(24):47-48.

为;用接近中心性指标分析评论与被评论行为;用特征向量中心性指标分析信息互动行为的凝聚性;用语义关键词词频分析信息互动词频,进而通过五个特征属性指标呈现新媒体环境下企业与用户进行信息互动的行为特征,通过信息提供者和信息接收者之间的信息互动行为整合企业内外部的信息,促进企业的创新发展,最终促进企业核心竞争力的提升。

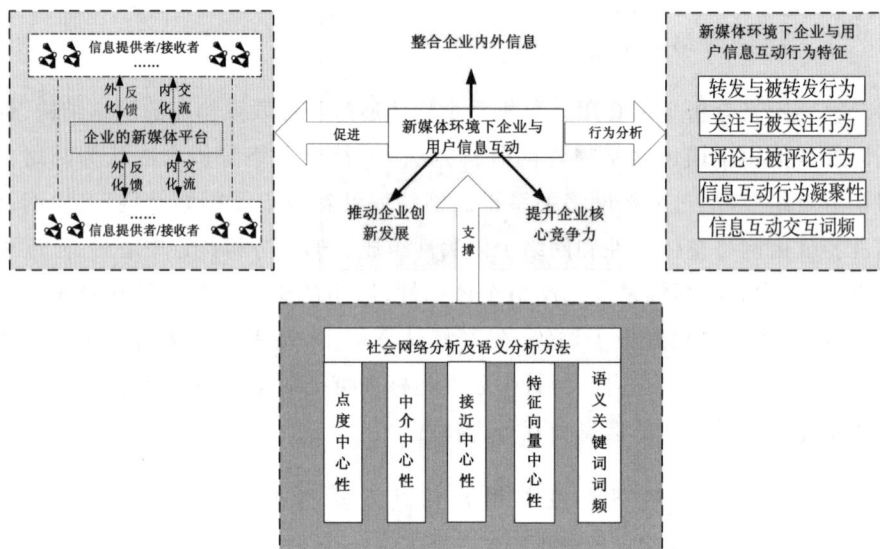

图 4.1　新媒体环境下企业与用户信息互动行为特征模型

4.3　样本选择与数据处理

4.3.1　研究样本选择

制造业在我国经济发展中发挥重要作用,在国民经济中占有较大份额。根据"2019 中国制造业企业 500 强榜单"发布的信息,排名前十的制造型企业中有 25% 是汽车企业。[①] 纵观近三年我国制造业 500 强榜单,汽车企业在整个制造业中的影响力逐年上升。因此,本研究选取中国汽车企业中三家比较有代表

---

① 中国经济网.2019 中国制造业企业 500 强发布盈利指标全面好转(榜单)[EB/OL].[2019-09-01].http://www.ce.cn/cysc/newmain/yc/jsxw/201909/01/t20190901_33059926.shtml.

性的企业,分别为上海大众、一汽大众和东风汽车三家企业。三家企业按照地域划分,分别位于上海市、吉林省以及湖北省,代表我国的华东、东北和中部三个不同区域,同时三家企业的汽车销量在近三年中也相对较为靠前。

此外,这三家汽车企业在转型发展中分别利用微博、微信和 App 等不同新媒体与用户进行信息互动,从而不断完善产品和服务,提高企业在行业中的竞争优势。新浪微博作为国内较早提供信息交互服务的新媒体平台,拥有庞大的数据资源和良好的用户基础,成为中国企业与用户信息交互的首选渠道,在业界知名的网站排名平台 Alexa 网站持续拥有较好的排名。[①] 因此,本研究选择三家企业在新媒体中的微博平台进行分析。

4.3.2　数据采集及处理

本研究采集这三家企业在三年内发布的所有微博的转发、评论和点赞数,以及用户端和时间进行分析,按照以下 4 个步骤进行:①查询上海汽车集团股份有限公司的官方微博(以下简称“上汽”),遍历所有评论及转发信息,识别相应微博用户 ID。②若某条微博的评论或转发数大于 0,则该条微博链路等级增加 1,信息源节点“from Uid”字段设置为该微博的“Uid”。③对每条转发、评论的微博重复步骤①和②,如果转发或评论数为 0,则停止本次递归遍历,该节点成为下一个链路的“子节点”;递归完成后获取所有转发评论的地址,最后获取有关字段信息内容并保存到 MySQL 数据库。④重复上述步骤获取东风汽车集团有限公司(以下简称“东风汽车”)、中国第一汽车集团公司(以下简称“一汽”)的新浪官方微博数据。自 2014 年 1 月 1 日至 2017 年 11 月 19 日,总共获得 49 153 条全网转发和评论信息,信息字段包括所有转发及评论者的用户名(nick)、用户 ID(uid)、转发及关注时间、转发及评论内容、工具端等基本信息属性。

用 MySQL 和 Excel 软件对数据进行清洗及规范化处理。如将以微博地址为主索引去除重复的数据行,将内容中含有的 html 等超文本字符进行替换,将时间格式统一规范为“＊年＊月＊日”,删除表情符等非必要字段及空值数据等。最终形成上汽、一汽及东风汽车的微博转发数据库总表及子表。使用 Gephi 软件绘制整体网络云图,企业与用户进行信息交互的可视化分析。运用社会网络分析方法,配合数理统计分析工具计算相应指标;绘图过程使用 Yifan

---

① Alexa. The top 500 sites on the web[EB/OL]. [2020 - 03 - 20]. https://www.alexa.com/top-sites.

Hu 流程布局,ForceAtlas 进行聚焦。

4.4 数据分析结果

　　以用户为节点,以转发关系为有向边,用 Gephi 软件绘制三家企业的微博网络整体云图,如图 4.2 所示。从三家企业与用户进行信息交互的可视化云图可以看出,上汽和一汽的企业与用户进行信息交互的节点相对较多,微博用户数量相对较大,用户分布范围相对较广;同时,上汽与一汽两个企业之间的用户进行信息交互的数量也相对较多。上汽与一汽的微博交互关系比较明显,用户关注并转发、评论两家企业的微博信息数量相对较大。比较而言,东风汽车的微博用户关注本企业的比例较大,较少与上汽或一汽的用户进行微博的信息交互,较少转发上汽或一汽的微博信息。

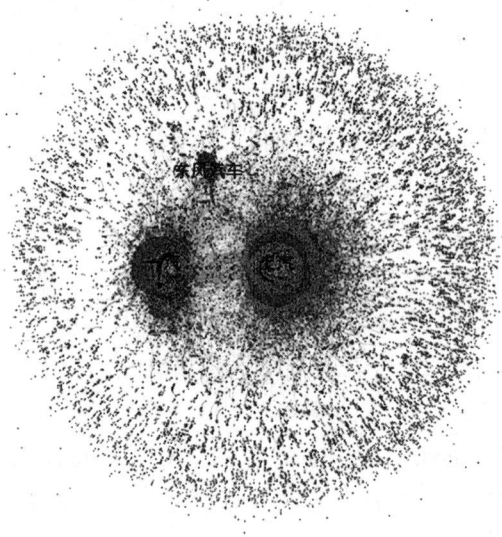

图 4.2　三个企业与用户信息交互的微博网络整体云图

　　在三家汽车企业的微博网络可视化整体云图中,共有 48 218 个节点,68 232 条边。从这三家汽车企业总体信息交互特征来看,经 Gephi 工具统计,一汽共有 16 011 个节点,18 474 条边;上汽共有 31 845 个节点,34 807 条边;东风汽车共有 1 782 个节点,1 932 条边。一汽平均聚类系数为 0.015,网络直径为 12,平均路径长度为 4.512;上汽平均聚类系数为 0.001,网络直径为 4,平均路径长度为 0.

001;东风汽车平均聚类系数为 0.01,网络直径为 4,平均路径长度为 1.155。三家汽车企业发布的微博内容分别被转发及评论的云图如图4.3、4.4、和4.5所示。

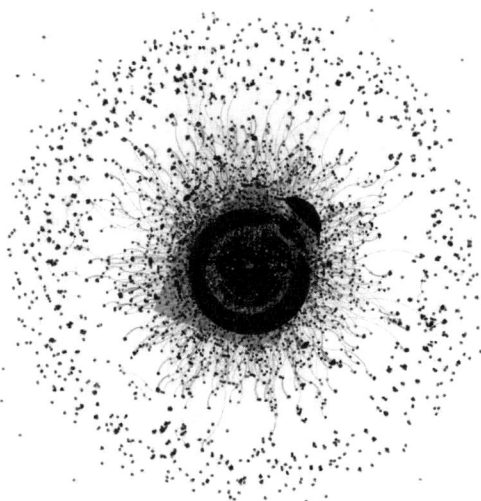

图 4.3　一汽与用户信息交互的微博网络信息扩散云图

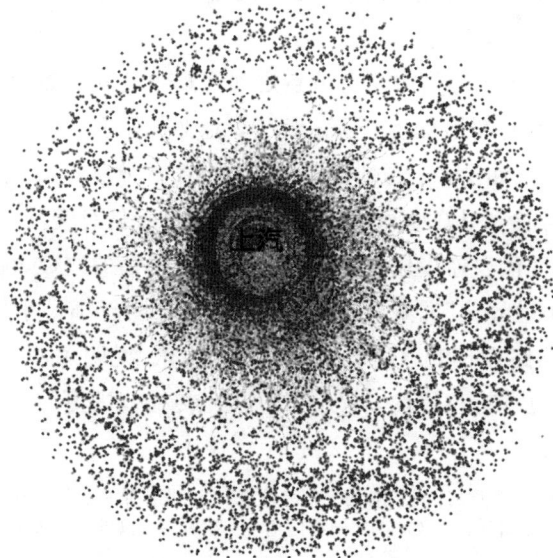

图 4.4　上汽与用户信息交互的微博网络信息扩散云图

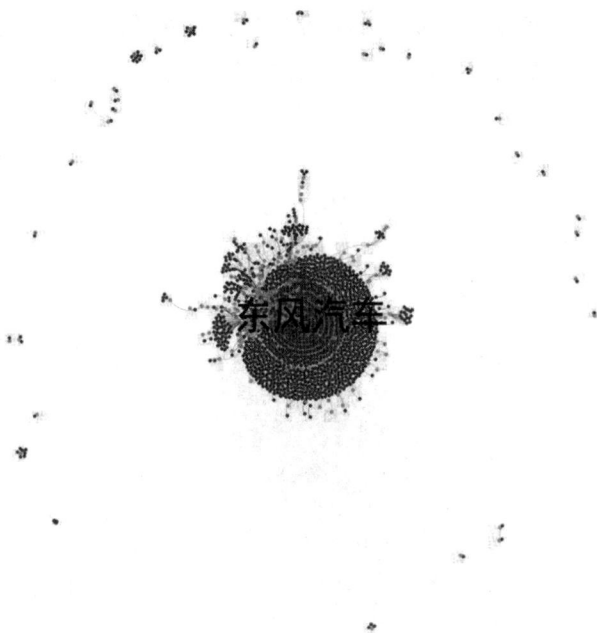

图 4.5 东风汽车与用户信息交互的微博网络信息扩散云图

网络直径是指网络中任意两节点间距离的最大值,网络图中节点间网络直径越短,行为者之间越容易建立联系,信息蔓延得越快。[①] 数据显示,一汽的网络直径为上汽和东风汽车的 3 倍,因此相较上汽和东风汽车,关注一汽的用户与企业之间更容易建立联系。

平均聚类系数表示网络中所有节点之间聚集程度的系数,其在一定程度上能够反映网络资源的利用程度。[②] 三家汽车企业的平均聚类系数由高到低依次为东风汽车、一汽和上汽。东风汽车发布的微博虽然被转发和评论次数较少,但其粉丝之间能够更好地利用微博平台资源进行信息交互。

平均路径长度代表连接任意两个节点的最短路径的边数,说明平均路径长度是衡量网络"小世界化"的重要指标,平均路径长度越小,"小世界"特征越明显。[③] 一汽的平均路径长度远高于东风汽车和上汽,说明关注一汽的微博用户其信息交互行为更具有整体性,转发层级更多,传播范围更广。

① 赵康.学术组织社群网络信息交流特征及结构演变[J].图书情报工作,2017,61(14):99-108.

② 塞洁,张英培,刘雪艳,等.政务微博网络结构特征研究——以重庆市为例[J].现代情报,2017(7):55-59.

③ 黄开木,樊振佳,卢胜军,等.我国竞争情报领域期刊论文合著网络研究[J].情报杂志,2015(2):142-147.

4.5　讨论分析

4.5.1　转发与被转发行为分析

对三家企业微博用户的转发与被转发行为进行分析,本研究采用社会网络分析方法中的点度中心性指标。对三个代表性企业的微博信息的点度中心性排序,选择中心性值排名前 10 的 ID 进行分析。点度中心性数值见表 4.1(a)、(b)、(c)。

表 4.1　企业微博用户点度中心性统计表

(a)上海大众企业点度中心性值

上海大众				
序号	ID	连入度	连出度	度
1	上海大众	10 210	0	10 210
2	初夏已_至	0	344	344
3	上海大众吉林瑞孚 4S 店	0	266	266
4	江西 newpolo 红人	2	255	257
5	上海大众汽车大众品牌	237	0	237
6	张家港大冈-周苑野	0	198	198
7	上海大众江苏官方微博:转发微博	188	0	188
8	刘红梅-润扬	0	172	172
9	上海大众桂林鑫广达博远店	0	131	131
10	淮安雨田韩凤	0	127	127

(b)一汽大众企业点度中心性值

一汽大众				
序号	ID	连入度	连出度	度
1	一汽大众	9 876	0	9 876
2	一汽-大众	2 060	0	2 060

续表

一汽大众			
序号	ID	连入度	连出度	度
3	一汽-大众淮安康润4S店	170	46	216
4	ygq5488	109	0	109
5	一汽-大众盱眙驰祥4S店	73	33	106
6	一汽-大众速腾	86	0	86
7	一汽-大众湖北十堰东富汽车	7	62	69
8	润华一汽-大众济南汽车公园店	27	40	67
9	A情义俩心知	0	50	50
10	康润一汽-大众张海波	27	22	49

(c)东风汽车企业点度中心度值

东风汽车			
序号	ID	连入度	连出度	度
1	东风汽车	1 372	0	1 372
2	东风汽车公司	108	0	108
3	国资小新	42	0	42
4	东风周密	37	0	37
5	青春东风汽车公司	16	8	24
6	小师-HSACO	5	17	22
7	东风风神	21	0	21
8	十堰晚报	20	0	20
9	神龙汽车	17	0	17
10	CCTV加油向未来	12	2	14

　　连入度代表该用户发布的微博被转发次数,连出度代表该用户转发其他微博的次数,度则为连入度和连出度的总和。[①] 由表 4.1 可知,由于"上海大众""一汽大众""东风汽车"为数据采集的三个汽车企业博主 ID,他们发布的微博被用户大量转发,但并没有转发其他的微博内容,因此这三个企业博主的连入度最大,分别为 10 210、9 876 和 1 372;而连出度均为 0。说明三家企业官方微博中用户与企业的信息互动基本只关注本企业,企业发布的信息量较大,而用户转发其他微博信息的数量相对较少。

　　其中,"上海大众"和"一汽大众"的连入度远高于"东风汽车",说明在三年内"一汽大众"和"上海大众"的企业与用户的信息互动结果远高于"东风汽车",在网络平台上具有更大的企业竞争力。上海大众的"初夏已_至"和"上海大众吉林瑞孚 4S 店"连入度值为 0,连出度值大小相近,是新浪微博平台上最关注上海大众企业发展的用户,但是并没有其他用户转发这三个用户的博文,因此其影响力有限。相比较上海大众,一汽大众企业的微博除了博主的其他用户的连出度相对较低,但平均连入度高于上海大众。东风汽车的连出度数值最低,但连入度数值分布最均匀。由于连入度数值和连出度数值越接近,则该用户的影响力越大,表示该用户越积极转发企业发布的微博,其转发内容的同时又被其他用户大量转发。以上数据表明,在微博平台上,汽车企业在信息交互过程中,一汽大众的粉丝交互情况最突出,其次是东风汽车。上海大众的粉丝虽然度值较高,但这些粉丝或者大量转发博主博文但并不被其他用户转发,或者其转发内容较受其他粉丝欢迎但并不积极转发博主的博文,因此应学习一汽大众和东风汽车的用户的信息交互模式。

4.5.2　关注与被关注行为

　　对三家企业微博用户的关注与被关注行为进行分析,本研究采用社会网络分析中的中介中心性指标。对三家企业的微博用户评论及转发数据做中介中心性排序,选择数值排名前 10 的 ID 进行分析。中介中心性数值见表 4.2。

---

①　谭雪晗,涂艳,马哲坤.基于 SNA 的事故灾难舆情关键用户识别及治理[J].情报学报,2017(3):297 – 306.

表 4.2　上汽、一汽、东风汽车新浪微博数据节点的中介中心性数值

序号	上海大众		一汽大众		东风汽车	
	ID	中介中心性	ID	中介中心性	ID	中介中心性
1	淮安雨田-姚杰	1 570.5	一汽-大众淮安康润 4S 店	66 093.06	青春东风汽车公司	143
2	淮安雨田赵宗凯	724	一汽-大众盱眙驰祥 4S 店	56 799.65	小师-HSACO	62
3	淮安雨田-王凯	639.5	西湾脑 2013	37 355.74	十堰调查员	26
4	淮安雨田王翰庭	570	润华一汽-大众济南汽车公园店	32 364.3	唐山高新公安网络发言人	20
5	淮安雨田陆正松	501	康润一汽-大众张海波	31 526.11	老旦的天空	18
6	淮安雨田吕霞	286	捕风捉云	31 133.13	我的刃量我的 YOUNG	11
7	淮安雨田陈渠	283	sunheelee	30 129.53	东风公益基金会	10
8	江西 newpolo 红人	252	游牧翔子	22 678.21	CCTV 加油向未来	9
9	上海大众宿迁腾鑫－徐顺	175	一汽大众内蒙古众和	21 516.16	二师兄上班儿啦	9
10	淮安雨田许威	63	一汽大众湖北十堰东富汽车	16 988.1	爱上最后的土匪	7

　　中介中心性指标反映网络中节点起的桥梁作用,即一个节点成为连接另外两个节点的中介的次数。① 如果一个节点连接另外两个节点的次数越多,代表该节点的中介中心度越高,该节点在网络中起的作用也越重要。中介中心性衡量节点在中介路径上的控制能力,其他节点依赖该节点进行信息交互行为。由表 4.2 可知,关注一汽大众企业微博的用户中介中心度数值很高,最高达到 66 093.06("一汽-大众淮安康润 4S 店"),且前十名中介中心度数值均超过 1 万,远高于关注上海大众和东风汽车企业微博的粉丝用户中介中心度(平均中介中心度分别为 506 和 32)。中介中心度数值高的用户在与企业进行信息互动过程中,引起了其他用户的大量关注,并进行大量转发和评论,带动了三家企

① 任妮,周建农,戴红君.基于文献计量的国内外信息感知与精细农业研究态势分析[J].情报探索,2017(11):104－113.

业的微博平台影响力的提升,对企业新品宣传以及企业信息发布具有重要的影响。在信息互动过程中,较多用户需要借助这些有影响力的用户节点间接进行信息交互,并传递有用信息。数据表明,一汽大众企业微博在与用户进行信息交互过程中更能通过部分粉丝的影响力达到二级传播、三级传播以及多级传播,促进了信息的扩散范围,能够加强企业微博的被关注程度;东风汽车企业微博欠缺多级传播,与用户的信息交互行为主要为一级传播,不利于信息的深度扩散;上海大众企业微博的被转发量和评论量与一汽大众相当,但用户中介中心度却相对大幅减少,因此用户与用户之间的信息交互行为较弱。

4.5.3　评论与被评论行为分析

对三家企业微博用户的评论与被评论行为进行分析,本研究采用社会网络分析方法中的接近中心性指标。对三家企业的微博用户评论及被评论数据做接近中心性排序,选择接近中心性最高的 10 个接近中心性的频数进行统计分析,见表 4.3。接近中心性表示节点不受其他节点影响,即行动者不受他人影响和控制的问题。接近中心性值越大,说明该节点与核心节点的差异性较大;接近中心性值越小,说明该节点与核心节点的差异性越小。[①] 数据表明,关注上海大众的用户接近中心性值为 1 的最多,有 20 129 个,而值为 0 的用户有 11 646个,比例约为 1.728;关注一汽大众的用户接近中心性值为 1 的有 12 775个,值为 0 的有 4 763 个,比例约为 2.68;关注东风汽车的用户接近中心性值为 1 的有 1 606 个,值为 0 的有 108 个,比例约为14.87。说明关注上海大众的用户不易受其他用户的影响,关注一汽大众的用户受其他用户行为影响较低,但稍高于上海大众;而关注东风汽车的用户很容易被其他用户的转发或评论行为影响,用户与用户之间信息交互更强烈。

表 4.3　上汽、一汽和东风汽车新浪微博数据节点的接近中心性数值

上海大众		一汽大众		东风汽车	
接近中心性	频数	接近中心性	频数	接近中心性	频数
1	20 129	1	12 775	1	1 606
0.952 63	2	0.95	1	0.818 182	2
0.933 33	1	0.9	1	0.75	3

---

① 王颖.当前接近中心性对关键研发者创造力的影响[J].情报杂志,2016(12):169-174.

续表

上海大众		一汽大众		东风汽车	
接近中心性	频数	接近中心性	频数	接近中心性	频数
0.9	4	0.888 89	2	0.727 273	2
0.886 79	6	0.875	6	0.666 667	18
0.777 778	2	0.833 33	8	0.6	10
0.698 413	2	0.8	17	0.541 279	2
0.666 667	6	0.75	2	0.531 25	4
...	...	...	...	...	...
0	11 646	0	4 763	0	108

4.5.4 信息互动行为的凝聚性分析

对三家企业微博用户的信息互动行为的凝聚性进行分析,本研究采用社会网络分析方法中的特征向量中心性指标。对三家企业的微博用户评论及转发数据做特征向量中心性排序,选择接近中心性最高的30个进行统计分析,见表4.4、4.5、4.6。

表 4.4　上汽新浪微博数据节点的特征向量中心性数值

序号	上汽大众	
	ID	特征向量中心性
1	上海大众	1
2	上海大众汽车大众品牌	0.023 231
3	上海大众江苏官方微博:转发微博	0.018 421
4	上海大众江苏官方微博:转发微博	0.011 562
5	上海大众江苏官方微博	0.007 555
6	上海大众汽车大众品牌:恭喜	0.004 996
7	上海大众江苏官方微博://	0.004 611
8	上海大众镇江常力4S店:转发微博	0.004 32
9	上海大众徐州沪鑫4S店:转发微博	0.004 31
10	上海大众汽车大众品牌:	0.004 213

表 4.5　一汽新浪微博数据节点的特征向量中心性数值

序号	一汽大众	
	ID	特征中心性
1	一汽大众	1
2	一汽-大众	0.209 073
3	一汽-大众淮安康润 4S 店	0.017 626
4	ygq5488	0.011 447
5	一汽-大众速腾	0.008 811
6	一汽-大众盱眙驰祥 4S 店	0.007 714
7	溪源平哥 2013	0.004 631
8	黑山同学	0.003 582
9	一汽-大众宝来	0.003 434
10	一汽大众俞俞	0.003 421

表 4.6　东风汽车新浪微博数据节点的特征向量中心性数值

序号	东风汽车	
	ID	特征中心性
1	东风汽车	1
2	东风汽车公司	0.080 571
3	国资小新	0.030 624
4	东风周密	0.028 288
5	东风风神	0.015 561
6	十堰晚报	0.014 779
7	神龙汽车	0.012 984
8	青春东风汽车公司	0.012 667
9	东风小康官方微博	0.009 43
10	CCTV 加油向未来	0.009 355

特征向量中心性将节点的重要度看成其邻接节点的线性累加,将网络图进行矩阵化处理,网络图对应的邻接矩阵的最大特征值,其对应的特征向量就是各个节点的重要度计算依据。① 特征向量中心性值越高,说明该节点连接的重要用户越多。一汽大众、上海大众和东风汽车的特征向量中心性值均为1,是微博企业与用户信息交互模式的中心节点。除了这三家汽车企业,其他粉丝节点的特征向量中心性值较高的是关注一汽大众的用户,其次是东风汽车,数值最低的为上海大众。结合三家汽车企业的点度中心性、中介中心性和接近中心性值来看,关注一汽大众的用户数量众多,用户与用户之间互动良好,在三家汽车企业中具有最高的凝聚力。一汽大众的企业与用户信息交互模式值得其他企业借鉴。上海大众虽然拥有较高的转发评论数量,但其与用户的信息交互方式还需进行改善和提高,企业的微博用户凝聚力较低,高层管理者应针对新媒体平台上的信息传播采取一定措施进行有效监控;东风汽车企业尽管在微博平台上被关注程度低于上海大众和一汽大众,但其粉丝用户的凝聚力较强,因此应重点提高企业在微博平台的粉丝数量和被转发评论数量。

4.5.5　信息互动中交互词频分析

企业在与用户进行信息互动的过程中,转发、评论是企业与用户、用户与用户之间进行交互的核心过程。对于转发、评论内容做语义分析,可以得出信息交互的关注点,包括词频分析、关键词提取、文本分类和情感分析等。本研究使用清博词频统计软件对主要转发内容进行语义分析,得出三家企业在用户信息互动过程中转发量较大的数据关键词,以及文本分类。统计关键词,并按名词、动词和形容词进行归类。发现上汽、一汽和东风汽车的微博关键词统计结果如图4.6、4.7、4.8所示。

上汽在与用户进行信息互动的过程中,转发及评论内容中名词词频由高到低为"大众""上汽大众""网络""汽车""标志""文化"等,说明上汽汽车的用户在信息交互中主要关注上汽汽车的品牌及网络宣传的产品促销力度;动词词频由高到低为"生活""使用""行驶""表示""设在"等,说明关注上汽汽车的用户在信息互动中更关注汽车对生活质量的提高带来的影响,以及汽车的使用和行驶安全等;形容词词频由高到低依次为"高""全""新""长"和"冷"等,说明关注上汽汽车的微博用户更关注上汽汽车的质量及新车型等方面。

---

① 武澎,王恒山.基于特征向量中心性的社交信息超网络中重要节点的评判[J].情报理论与实践,2014(5):107-113.

（a）名词词频

（b）动词词频

（c）形容词词频

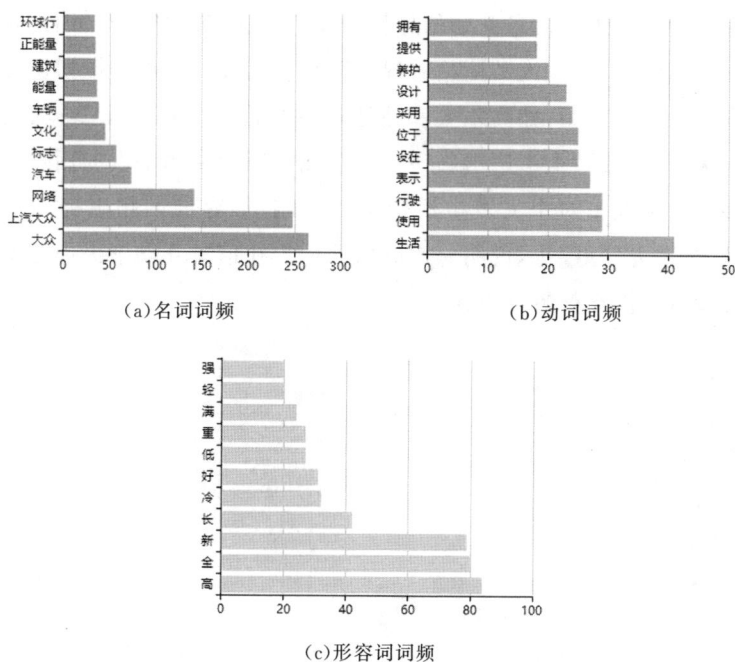

图 4.6　上汽与用户信息互动中的词频统计

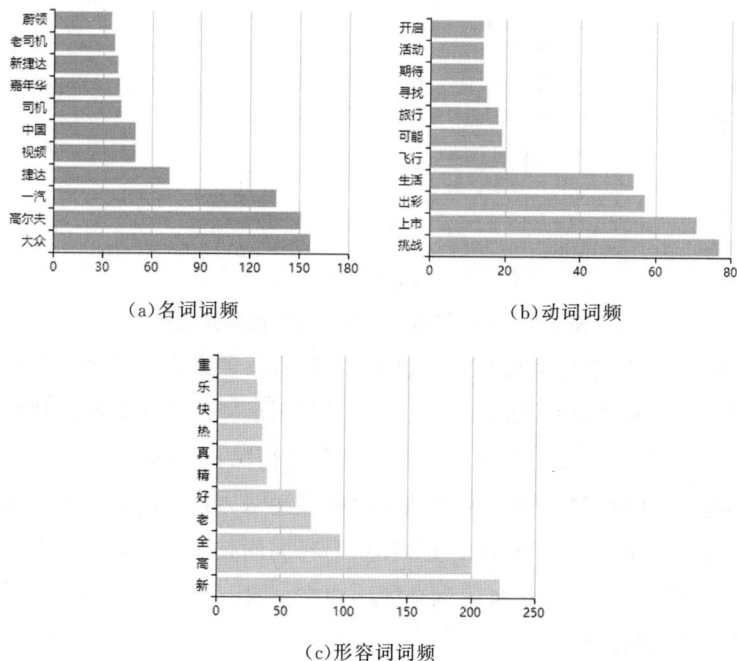

（a）名词词频

（b）动词词频

（c）形容词词频

图 4.7　一汽与用户信息互动中的词频统计

一汽在与用户进行信息互动的过程中,转发及评论内容中名词词频由高到低为"大众""高尔夫""一汽""捷达""视频"等,说明关注一汽的微博用户主要关注一汽汽车的特定车型,如高尔夫和捷达这些性价比较高的车型;动词词频由高到低依次为"挑战""上市""出彩""生活""飞行"等,说明一汽的用户在信息互动中更关注购买汽车对个人及生活带来的影响;形容词词频由高到低依次为"新""高""全""老""好"等,说明一汽的微博用户在信息互动中更关注一汽新型汽车的发布以及汽车配置等方面。

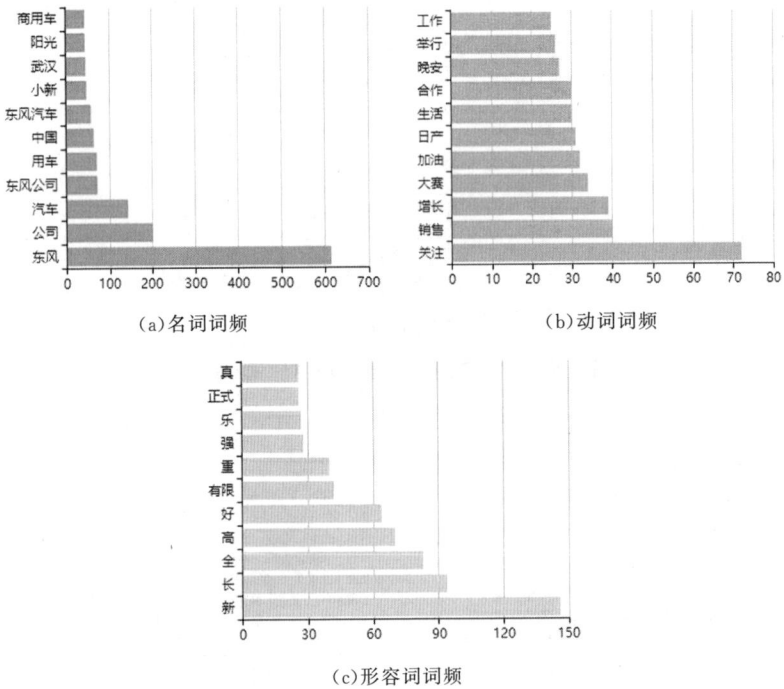

(a)名词词频

(b)动词词频

(c)形容词词频

图 4.8   东风与用户信息互动中的词频统计

东风在与用户进行信息互动的过程中,转发及评论内容中的名词词频由高到低依次为"东风""公司""汽车""东风公司""用车"等,说明关注东风汽车的用户在信息互动中主要关注东风汽车公司用车的情况;动词词频由高到低依次为"关注""销售""增长""大赛""加油"等,说明关注东风汽车的用户对东风汽车企业的销售情况和价格增长幅度更有兴趣;形容词词频由高到低依次为"新""长""全""高""好"等,说明关注东风汽车的用户在信息互动中更关注东风汽车的新品及车型设计等方面。

4.6　本章小结

本章基于信息生态因子理论构建新媒体环境下企业与用户信息交互行为特征模型,选取制造型企业中具有代表性的三家汽车生产企业,获取他们的新浪微博数据,用社会网络分析和语义分析法分析三家企业的信息交互行为特征。本章在一定程度上为新媒体环境下企业与用户信息交互行为研究提供了研究方法和行为特征分析的框架,与第 5—7 章相呼应,为第 8 章新媒体环境下企业与用户信息交互引导对策提供理论支撑。

本章的研究工作和结论主要有以下四个方面。

(1)基于 SICAS 模型,结合新媒体环境下企业与用户信息交互行为特征,构建了新媒体环境下企业与用户信息交互行为特征模型。采用社会网络分析和语义分析法分析新媒体环境下企业与用户信息交互行为。用社会网络分析方法中的点度中心性指标分析信息互动中的转发与被转发行为;用中介中心性指标分析关注与被关注行为;用接近中心性指标分析评论与被评论行为;用特征向量中心性指标分析信息互动行为的凝聚性;用语义关键词词频分析信息互动词频,通过五个特征属性指标呈现新媒体环境下企业与用户进行信息互动的行为特征。

(2)选取上海大众、一汽大众和东风汽车三家代表性企业作为研究对象,使用网络爬虫软件通过新浪微博开放 API 抓取三家企业在三年内发布的所有微博的转发、评论和点赞数,评论内容、转发内容,用户昵称、用户端和时间等数据,使用 Gephi 软件绘制整体网络云图。

(3)从三家企业与用户进行信息交互的可视化云图可以看出,上汽和一汽与用户进行信息交互的节点相对较多,微博用户数量相对较大,用户分布范围相对较广;同时,上汽与一汽两个企业之间的用户进行信息交互的数量也相对较多。上汽与一汽的微博交互关系比较明显,用户关注并转发、评论两家企业的微博信息数量相对较大。比较而言,东风汽车的微博用户关注本企业的比例较大,较少与上汽或一汽的用户进行微博的信息交互,较少转发上汽或一汽的微博信息。从网络直径数据来看,关注一汽的用户相较关注上汽和东风汽车的用户更容易与企业建立联系。从平均聚类系数来看,东风汽车发布的微博虽然被转发和评论次数较少,但这些粉丝之间能够更好地利用微博平台资源进行信息交互。从平均路径长度来看,关注一汽的微博用户信息交互行为更具有整体性,转发层级更多,传播范围更广。

(4)数据分析结果表明,从转发与被转发行为来看,一汽大众与东风汽车与用户进行信息交互情况较为突出。从关注与被关注行为来看,一汽大众与用户进行信息交互更能通过粉丝的影响力达到多级传播,东风汽车欠缺多级传播,不利于信息扩散。从评论与被评论行为来看,上海大众的用户不易受其他用户的影响,东风汽车的信息交互更强烈。从信息交互行为的凝聚性来看,东风汽车的微博用户与企业进行信息交互的用户相对最少,但凝聚性相对最高。从信息互动中交互词频来看,上汽的微博用户主要关注上汽的汽车文化、汽车对生活质量提高带来的作用,以及汽车的使用度和行驶安全等;一汽的微博用户主要关注一汽汽车的新款车型配置,购买汽车对个人及生活带来的挑战和影响等;东风汽车的微博用户主要关注东风汽车价格涨幅、汽车的新品及车型设计等方面。

第5章　新媒体环境下企业与用户信息交互影响因素分析

5.1　新媒体环境下企业与用户信息交互影响因素的提出

随着新媒体技术的快速发展,越来越多的企业利用各种新媒体平台与用户进行信息交互,通过获取用户信息数据,分析用户信息行为,了解用户需求,提升用户信息服务质量。[1] 裴雷基于用户信息交互行为理论,分析了影响用户信息交互的因素及对信息检索的影响;[2]邓胜利等人基于用户需求、信息技术和服务环境分析了影响用户信息交互的影响因素,对提升信息交互质量起到一定的指导作用;[3]王晰巍等人基于人–系统交互理论,构建老年用户抵制行为影响因素解释结构模型,分析了影响老年用户抵制行为的因素及因素之间的关系,用以指导移动新媒体开发者面向老年用户提供更合理的信息服务;[4]齐云飞等人基于信息生态链视角研究社会化问答用户的信息交互行为,提出影响信息交互行为的因素并进行实证分析,对优化社会化问答信息服务给出对策和建议;[5]杨梦晴等人基于信息生态因子视角,提出影响移动消费用户情境信息共享意图与行为的四个因素,构建了移动消费用户情境信息共享行为影响因素模型并进行实证研究。[6] 通过

---

① 高健.新媒体时代的微信营销策略研究[J].新媒体研究,2016(12):68－69.

② 裴雷.信息检索过程中的用户交互行为及其影响因素[J].图书情报工作,2007,51(8):42－44.

③ 邓胜利,张敏.交互式信息服务环境及其影响因素分析[J].情报科学,2008,26(3):443－447.

④ 王晰巍,李嘉兴,王铎,韦雅楠.移动新媒体老年用户抵制行为影响因素研究:基于人–系统交互理论视角的分析[J].情报资料工作,2019(1):81－88

⑤ 齐云飞,张玥,朱庆华.信息生态链视角下社会化问答用户的信息交互行为研究[J].情报理论与实践,2018(12):1－7.

⑥ 杨梦晴,王晰巍,相甍甍,李嘉兴.移动消费用户情境信息共享行为影响因素实证研究——基于信息生态因子视角[J].情报资料工作,2017(4):15－22.

梳理国内外研究发现,较少有针对企业利用新媒体平台与用户进行信息交互影响因素的研究,结合信息生态理论来分析的则更少。因此,本章将针对以下 6 个问题展开研究:第一,新媒体系统质量是否对用户新媒体信息交互满意度有影响;第二,新媒体信息质量是否对用户新媒体信息交互满意度有影响;第三,新媒体服务质量是否对用户新媒体信息交互满意度有影响;第四,新媒体沉浸体验是否对用户新媒体信息交互满意度有影响;第五,用户个体认知是否对用户新媒体信息交互满意度有影响;第六,新媒体信息交互满意度是否对新媒体企业与用户信息交互行为有影响。在信息生态理论的基础上,探索企业与用户利用新媒体平台进行信息交互过程中的影响因素,帮助企业了解用户从而为用户提供优质的产品和服务,提升企业的核心竞争优势。[①]

5.2　信息交互影响因素模型

5.2.1　沉浸理论

沉浸理论(Flow Theory)是芝加哥大学著名心理学家米哈里·契克森米哈于 1975 年首次提出。该理论指出当人们处理和自身能力水平相当的任务时,会过滤掉环境的杂质,进入专注的状态,即沉浸于情境。[②] 沉浸理论被广泛应用于信息行为分析,孙建军等人基于沉浸理论、需求层次和理性行为理论分析社交网络环境下用户网络链接的内外部动因;[③]徐娟等人通过梳理国内外沉浸理论在信息学领域的应用文献后指出,研究主要集中在沉浸理论的量度指标、影响因素、对用户使用与购买行为的影响、对用户使用信息系统绩效的影响以及沉浸引发的互联网问题性使用五个方面。[④]

---

① 王晰巍,李嘉兴,郭宇,等.移动网络团购 App 信息采纳行为影响因素研究——基于信息生态视角的分析[J].图书情报工作,2015 (7):31 - 38.

② Murray S Davis, Mihaly Csikszentmihalyi. Beyond Boredom and Anxiety: The Experience of Play in Work and Games. [J]. Contemporary Sociology,1977,6:197 CrossRef.

③ 孙建军,顾东晓.动机视角下社交媒体网络用户链接行为的实证分析[J].图书情报工作,2014,58(4):71 - 78.

④ 徐娟,黄奇,袁勤俭.沉浸理论及其在信息系统研究中的应用与展望[J].现代情报,2018(10):157 - 166.

5.2.2　信息系统成功模型

Delone 和 Mclean 于 1992 年提出信息系统成功模型（DeLone & McLean model of information system success，即"D&M 模型"），该模型在分析信息系统结构的基础上，分析了影响信息系统成功的一系列因素，如图5.1所示，为信息系统的评价提供了理论支撑。[①] 新媒体环境下企业与用户进行信息交互，不同新媒体的系统质量、信息质量、服务质量不同，用户的使用意愿也不同。用户的使用意愿对个人造成影响，进而对组织造成影响。因此，本研究以新媒体作为一个整体影响因素，结合 DeLone & McLean 信息系统成功模型同时融入沉浸理论，用以构建新媒体环境下企业与用户交互意愿影响因素理论模型。综合衡量系统质量、信息质量、服务质量以及沉浸体验等方面分析新媒体环境下企业与用户信息交互的意愿影响因素。

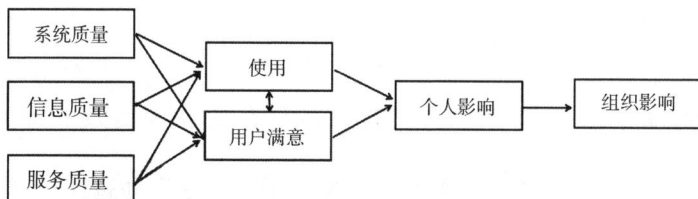

图 5.1　DeLone & McLean 信息系统成功模型

5.2.3　模型构建

本研究综合利用生态因子理论和信息系统成功模型构建理论模型，如图5.2所示。模型包括 5 个外因潜在变量：新媒体系统质量、新媒体信息质量、新媒体服务质量、新媒体沉浸体验以及用户个体认知；2 个内因潜在变量：用户新媒体信息交互满意度和用户新媒体信息交互行为。

[①]　费欣意，施云，袁勤俭.D&M 信息系统成功模型的应用与展望[J].现代情报，2018，38(11)：161－171.

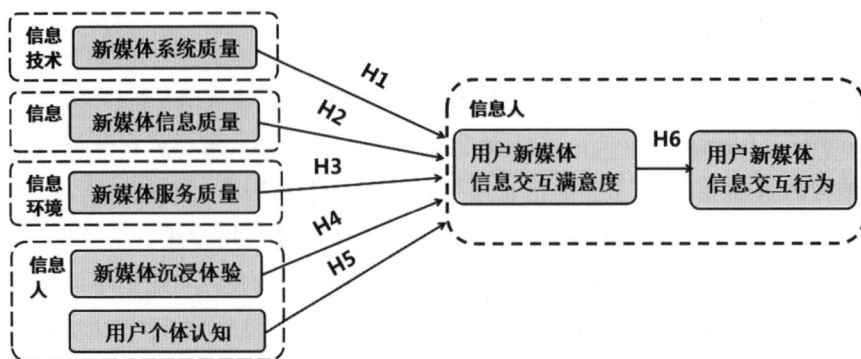

图 5.2　新媒体环境下企业与用户交互意愿影响因素理论模型

5.3　研究假设

5.3.1　新媒体系统质量对用户新媒体信息交互满意度的影响

新媒体系统质量主要是指新媒体所具备的一些功能和特性,例如可靠性、易用性和响应性等。[①] 可靠性指的是系统正确运行的能力;易用性指的是系统使用的便捷性;响应性指的是系统快速反馈的能力。根据信息系统成功模型,系统质量对于用户使用满意度产生直接正向显著的影响;[②]常颖等人认为搜索系统质量对用户跨屏在线信息搜索意愿有正向影响。[③] 基于上述文献研究成果,本研究提出以下假设。

H1:新媒体系统质量正向影响用户新媒体信息交互满意度。

5.3.2　新媒体信息质量对用户新媒体信息交互满意度的影响

新媒体所传播和提供的信息质量状况,包括可信性、及时性、可靠性、价值增

---

① 赵英,范娇颖.大学生持续使用社交媒体的影响因素对比研究——以微信、微博和人人网为例[J].情报杂志,35(1):188-195.

② 彭爱东,夏丽君.用户感知视角下高校图书馆微服务效果影响因素研[J].图书情报工作,2018,17(6):33-43.

③ 常颖,王晰巍,韦雅楠,王铎.用户跨屏在线信息搜索意愿影响因素研究——基于信息生态视角[J].情报科学,2018(10):122-127.

值、相关性、准确性、可解释性、易理解性、可获取性、客观性、完整性、可追溯性、信誉、表达一致性、成本节约、易操作性、数据和数据源的多样化、简洁性、获取安全、数据量适合、灵活性等。本研究选取前三个指标——可信性、及时性、可靠性来设计问卷。可信性是指新媒体传播的信息真实可信;及时性是指新媒体更新信息的速度;可靠性是指通过体新媒体可获得信息全面程度。孟猛、朱庆华[①]认为信息质量对感知有正向显著影响;张海、袁顺波等[②]认为信息质量对移动政务 App 用户满意度产生正向影响。基于上述文献研究成果,本研究提出以下假设。

H2:新媒体信息质量正向影响用户新媒体信息交互满意度。

5.3.3　新媒体服务质量对用户新媒体信息交互满意度的影响

新媒体服务质量是企业利用新媒体为用户提供的各项服务水平的综合能力。随着用户需求的不断升级,满足个性化的服务是用户较为乐于接受的,而交互性是新媒体的重要特征,因此,本研究将个性化和交互性综合考虑并作为衡量新媒体服务质量的两大重要组成。个性化体现了企业了解用户需求,为用户提供个性化需求的服务;交互性是指用户的意见或建议能够得到反馈,新媒体能够提供一定的双向交流的渠道。沈军威、郑德俊[③]认为移动图书馆信息交互过程形成的服务质量对用户满意度产生积极影响;李宗富、郭顺利[④]认为档案馆微信公众号交互服务质量正向影响用户满意度。基于上述文献研究成果,本研究提出以下假设。

H3:新媒体服务质量正向影响用户新媒体信息交互满意度。

5.3.4　沉浸体验对用户新媒体信息交互满意度的影响

沉浸体验是指当用户接收到系统质量、信息质量及服务质量等与预设比较吻合,用户处于完全投入于信息交互过程而忽视其他事物,产生陶醉的感觉并且感觉不到时间流走的愉悦体验。现有的关于移动社交网站、在线学习、网络交互服务等的研究都表明,沉浸体验能给用户带来强烈的满足感和幸福感。朱

---

①　孟猛,朱庆华.数字图书馆信息质量,系统质量与服务质量整合研究[J].现代情报,2017,37(8):3-11.

②　张海,袁顺波,段荟.基于 S-O-R 理论的移动政务 App 用户使用意愿影响因素研究[J].情报科学,2019(6):126-132.

③　沈军威,郑德俊.移动图书馆服务质量优化模式的构建研究[J].图书情报工作,2019(12):52-59.

④　李宗富,郭顺利.档案微信公众号用户持续使用的理论模型及实证研究[J].档案学研究,2017(2):80-88.

明[①]通过研究高校图书馆的阅读过程发现,用户在阅读过程中往往出现沉浸于阅读状态而忽视外界的情况;欧阳博、刘坤锋[②]也在研究中指出沉浸体验对用户满意度具有正向影响。基于上述文献研究成果,本研究提出以下假设。

H4:沉浸体验正向影响用户新媒体信息交互满意度。

5.3.5 个体认知对用户新媒体信息交互满意度的影响

个体认知对用户使用新媒体的满意度产生影响。个体认知包括个体态度、能力认知和价值认知。个体态度描述用户是否倾向使用新媒体与企业进行信息交互,能力认知描述用户使用新媒体与企业进行信息交互的能力水平,价值认知描述用户对使用新媒体与企业进行信息交互的评价。龚艺巍等[③]学者认为个体认知是影响用户满意度的重要内在因素。马丹丹、甘利人、岑咏华[④]认为个体认知偏好对知识分级推荐服务有重要的影响。基于上述文献研究成果,本研究提出以下假设。

H5:个体认知正向影响用户新媒体信息交互满意度。

5.3.6 用户新媒体信息交互满意度对信息交互行为的影响

信息交互满意度是指用户在使用新媒体的过程中实际感知效果和使用前期望的差异函数。根据期望确认理论,当用户对产品满意后,可能会促使其继续使用该产品,且用户满意度与其持续使用意愿之间的正向显著性关系已经被广泛地证实。Kamal Mohammed Alhendaw 等[⑤]提出用户满意对网络系统信息交互意愿有正向影响。Sun-Woo Park 等[⑥]通过研究分析 400 名韩国体育游戏和赛事爱好者的社交网络服务(SNS)用户数据,提出社交媒体用户满意对信息

① 朱明.高校图书馆用户阅读过程中的沉浸体验研究——构成维度及其作用机制[J].图书馆,2017(1):67-71,78.

② 欧阳博,刘坤锋.移动虚拟社区用户持续信息搜寻意愿研究[J].情报科学,2017,35(10):152-159.

③ 龚艺巍,王小敏,刘福珍,陈远.基于扎根理论的云存储用户持续使用行为探究[J].数字图书馆论坛,2018(9):29-36.

④ 马丹丹,甘利人,岑咏华.个体认知偏好对知识分级推荐服务的影响研究[J].情报学报,2014,33(7):712-729.

⑤ Kamal Mohammed Alhendawi,Ahmad Suhaimi Baharudin. The impact of interaction quality factors on the effectiveness of Web-based information system:the mediating role of user satisfaction[J]. Cognition,Technology & Work,2014,16(4):451-465.

⑥ Park S W,Cho C H,Choi S B. Social multimedia network service quality, user satisfaction, and prosumer activity[J]. Multimedia Tools & Applications,2017,76(16):1-17.

消费行为有正向影响。张海等[①]提出满意度正向影响用户对移动政务 App 的使用意愿。唐莉斯等[②]提出用户满意度对用户持续使用社会性网络服务有正向影响。常颖等[③]通过研究证实用户搜索满意度对用户跨屏搜索意愿有显著影响。基于上述文献研究成果,本研究提出以下假设。

H6:用户新媒体信息交互满意度正向影响用户信息交互行为。

5.4　研究设计

为了确保实证研究结果的可信性,本研究参照李岚冰、仇婷等学者的研究方法,设计本研究的样本基本信息题项(如表 5.1 所示)和调查问卷(如表 5.2 所示)。样本基本信息题项共 5 题,反映样本的基本信息,用作样本筛选及分析,包括调查对象性别、年龄、受教育程度、每天使用社交媒体的时间和使用社交媒体的历史。问卷部分由 7 个变量问项组成,共计 23 道题目,并采用李克特 7 级量表形式对选项做设定。为了提高调查数据的有效性,在进行正式调查之前使用了测试调研,对问卷专业术语解释不清楚导致用户难于理解、问项表达不清晰、问项之间存在难以区分等问题进行校正,之后选择用户进行正式问卷发放。

表 5.1　样本基本信息题项

Q1	请问您的性别是 A. 男 B. 女	Q4	请问您每天使用社交媒体的时间是 A. 小于 1 小时 B. 1~3 小时 C. 3~5 小时
Q2	请问您的年龄是 A. 20 岁以下 B. 20~25 岁 C. 25 岁以上	Q5	请问您的社交媒体使用历史是 A. 1 年以下 B. 1~2 年 C. 2 年以上

①　张海,袁顺波,段荟.基于 S-O-R 理论的移动政务 App 用户使用意愿影响因素研究[J].情报科学,2019(6):126-132.

②　唐莉斯,邓胜利.SNS 用户忠诚行为影响因素的实证研究[J].图书情报知识,2012(1):102-108.

③　常颖,王晰巍,韦雅楠,王铎.用户跨屏在线信息搜索意愿影响因素研究——基于信息生态视角[J].情报科学,2018(10):122-127.

续表

Q3	请问您的受教育程度是 A. 高中及以下 B. 大专 C. 本科 D. 研究生及以上

表 5.2　新媒体企业与用户信息交互行为影响因素调查问卷

变量	测量项	来源
新媒体 系统质量	Q1 使用新媒体与企业进行信息交互更便捷	彭爱东[171]， 赵英[170]， 常颖[172]， 孟猛[174]等
	Q2 使用新媒体与企业进行信息交互更加安全或稳定（例如强制推送、广告链接、系统瘫痪等问题出现得更少）	
	Q3 使用新媒体与企业进行信息交互页面响应速度更快	
新媒体 信息质量	Q4 使用新媒体与企业进行交互的信息内容更倾向于反映事实	彭爱东[171]， 袁毅[173]， 孟猛[174]， 张海[175]等
	Q5 使用新媒体与企业进行交互能更及时地更新信息	
	Q6 使用新媒体与企业进行交互的信息更能满足个人需求	
新媒体 服务质量	Q7 使用新媒体与企业进行交互基本可以实现不受时间、空间限制满足用户需求	彭爱东[171]， 孟猛[174]， 胡昌平[176]， 赵英[170]， 沈军威[177]等
	Q8 使用新媒体与企业进行交互接受的服务更能满足用户的个性化需求	
	Q9 使用新媒体与企业进行交互的反馈沟通流程更加顺畅	
	Q10 使用新媒体与企业进行交互能为用户之间的多向交流提供更完善的平台和服务	
新媒体 沉浸体验	Q11 使用的新媒体更能让我全身心地投入平台信息，而忽视外界环境	周皓[179]， 李晶[180]， 朱明[181]， 欧阳博[182]等
	Q12 使用新媒体更能让我忘记时间的流逝	
	Q13 使用新媒体与企业进行信息交互能让我更有满足感	

变量	测量项	来源
用户个体认知	Q14 我倾向于使用新媒体与企业进行信息交互	彭爱东[171]，龚艺巍[183]，马丹丹[184]
	Q15 我有熟练掌握使用新媒体进行信息交互的信心和能力	
	Q16 我认为新媒体比传统媒体有更强大的优势	
用户新媒体信息交互满意度	Q17 使用新媒体与企业进行信息交互让我觉得更满意	季丹[185]，Kamal Mohammed Alhendawi[186]，常颖[172]，仇婷[190]等。
	Q18 与传统媒体相比,我更愿意选择新媒体与企业进行信息交互	
	Q19 与传统媒体相比,我会更愿意继续使用新媒体与企业进行信息交互	
新媒体企业与用户信息交互行为	Q20 我有过使用新媒体与企业进行信息交互的行为	李岚冰[189]
	Q21 我觉得使用新媒体与企业进行信息交互是有效的	
	Q22 我不为使用新媒体与企业进行信息交互行为感到后悔	
	Q23 我认为使用新媒体与企业进行信息交互经历是成功、开心的	

5.5　数据采集及处理

5.5.1　样本选择

本书的主要研究对象是通过多元化的新媒体平台与企业进行信息交互的用户群体,主要包括高校大学生以及各类企业在职人员,这两类样本群体的年龄状况符合企业用户年龄分布,并且从调查样本描述性统计结果来看(见表5.3),研究调查年龄段在 20～25 岁的占 24.4%,25 岁以上的占 58.6%,即 20 岁以上的用户占 83%,样本具有代表性。使用新媒体与企业进行信息交互的用户普遍具有更高的教育水平,本次调研取样的群体教育程度为高中及以下的占3.2%,其余 96.8%为大专及以上,说明样本具有较高的教育程度。84%的被调查者每天使用新媒体的时间在 1 小时以上,并且已经使用新媒体超过 2 年的被调查者占 61.3%。综上所述,本研究所调查的样本对新媒体的使用具有较多经验,研究结果的科学性能够在一定程度上得到保证,同时本研究的被调查者也具有鲜明的代表性。

表 5.3　调查样本描述性统计

统计量		频次	比例
性别	男	79	28.1%
	女	203	71.9%
年龄	20 岁以下	48	17%
	20~25 岁	69	24.4%
	25 岁以上	165	58.6%
教育程度	高中及以下	9	3.2%
	大专	90	31.9%
	本科	112	39.7%
	研究生及以上	71	25.2%
每天使用新媒体的时间	小于 1 小时	45	16%
	1~3 小时	122	43.3%
	3~5 小时	66	23.4%
	5 小时以上	49	17.3%
统计量		频次	比例
新媒体使用历史	1 年以下	64	22.7%
	1~2 年	45	16%
	2 年以上	173	61.3%

5.5.2　信度与效度检验

使用 SPSS 22.0 软件对调查数据进行信度和效度检验,如表 5.4 和 5.5 所示。KMO 与 Bartlett 球形检验显著性(Sig.)为 0.000,说明各变量之间存在着较强的相关性,可以进行因子分析。得出的 Cronbach's α 系数均在 0.8 以上,说明其具备较强的信度。

表 5.4　KMO 与 Bartlett 球形检验

Kaiser-Meyer-Olkin 测量取样适当性	0.868
Bartlett 球形检验的卡方近似值	3 599.063
df	253
显著性	0.000

表 5.5　信度测试

维度	问卷题目数量	Cronbach's α
新媒体系统质量	3	0.869
新媒体信息质量	4	0.811
新媒体服务质量	3	0.862
新媒体沉浸体验	3	0.842
用户个体认知	3	0.848
信息交互满意度	3	0.871
信息交互行为	4	0.897

5.5.3　验证性因子与模型检验

通过验证性因子分析来综合检验理论模型是否与实证数据一致,理论模型是否具有适用性和真实性。本研究使用 SPSS 22.0 和 Amos 17.0 软件,结合结构方程模型进行验证性因子分析。修正后的各项指标如表 5.6 所示。

表 5.6　标准化载荷量报表

维度(题项)	载荷量	SMC	CR	AVE
新媒体系统质量				
Q1	0.846	0.716	0.871	0.692
Q2	0.846	0.716		
Q3	0.802	0.643		
新媒体信息质量				
Q4	0.649	0.421	0.815	0.525
Q5	0.751	0.564		
Q6	0.734	0.539		
Q7	0.759	0.576		

续表

维度（题项）	载荷量	SMC	CR	AVE
新媒体服务质量				
Q8	0.806	0.650	0.865	0.681
Q9	0.859	0.738		
Q10	0.81	0.656		
新媒体沉浸体验				
Q11	0.786	0.618	0.848	0.651
Q12	0.885	0.783		
Q13	0.743	0.552		
用户个体认知				
Q14	0.811	0.658	0.849	0.653
Q15	0.777	0.604		
Q16	0.835	0.697		
满意度				
Q17	0.833	0.694	0.872	0.694
Q18	0.843	0.711		
Q19	0.823	0.677		
交互行为				
Q20	0.858	0.736	0.899	0.691
Q21	0.872	0.760		
Q22	0.808	0.653		
Q23	0.784	0.615		

本研究采用一次释放一个参数的方法，将其固定参数值修改为自由参数，并重新对模型进行估计。经过对理论模型的多次修正，最终接受模型检验结果如表 5.7 所示，其区分效度如表 5.8 所示，标准化系数如图 5.3 所示。

表 5.7 结构方程适配度检验

模型拟合系数	统计值	最优标准值	拟合效果
Chi-square	275.673	—	—
degrees of freedom	209	—	—
X^2/df	1.248	<2	较佳

续表

模型拟合系数	统计值	最优标准值	拟合效果
RMSEA	0.030	＜0.05	良好
GFI	0.929	＞0.9	良好
CFI	0.985	＞0.9	良好
NFI	0.930	＞0.9	良好

表 5.8 区分效度报表

Constructs	新媒体系统质量	新媒体信息质量	新媒体服务质量	用户个体认知	新媒体沉浸体验	满意度	信息交互行为
新媒体系统质量	0.832						
新媒体信息质量	0.448	0.725					
新媒体服务质量	0.401	0.366	0.825				
新媒体沉浸体验	0.356	0.310	0.298	0.807			
用户个体认知	0.214	0.163	0.202	0.324	0.808		
满意度	0.428	0.424	0.409	0.436	0.332	0.833	
信息交互行为	0.378	0.312	0.339	0.279	0.284	0.499	0.831

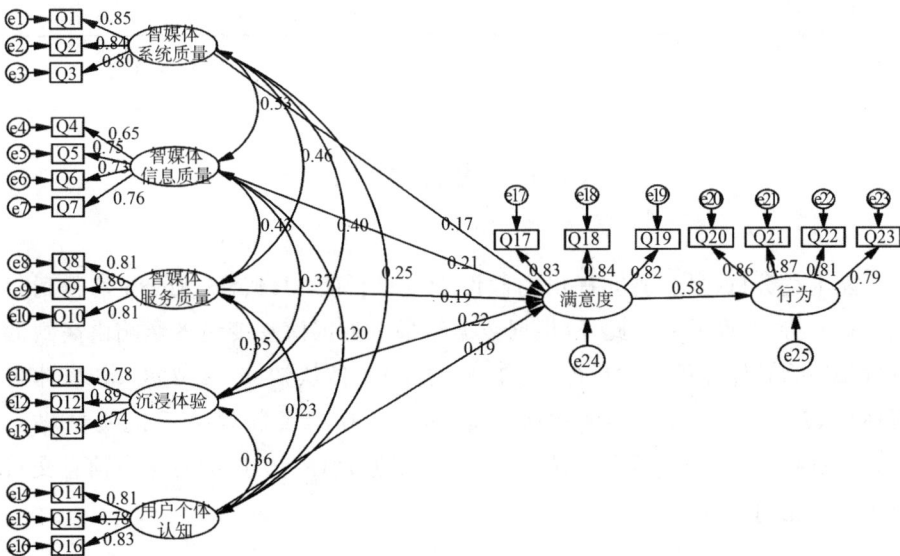

图 5.3 新媒体环境下企业与用户信息交互模型及标准化系数

本研究从卡方自由比、渐进残差均方和平方根（RMSEA）、良适性适配指标(GFI)和增值适配度指标(NFI、CFI)等不同类别的指标对模型的配适度进行检测和判别,同时各变量 AVE 的平方根均大于相应的相关系数,表明模型的区别效度良好,所观测到的数值之间能够加以区分。因此,结合上述各图表中的指标值,总体来看,各指标均符合标准,模型配适度较好。

5.5.4 参数估计与假设检验

本研究采用最大似然法对各因子之间路径系数值进行估计(见表 5.9)。其中,C.R. 为临界比值,即 t 检验值,其绝对值均大于 1.96;P 值检验均满足在 P 小于 0.05 的误差水平,由此得出各因子之间均具有统计显著性。根据表5.9中数据可以得出模型通过了假设检验。

表 5.9　假设检验结果(C.R. >1.96,P<0.05)

变量关系	C.R. (t-value)	P	标准化估计值	结果
新媒体系统质量→满意度	2.360	0.018	0.165	支持
新媒体信息质量→满意度	2.795	0.005	0.268	支持
新媒体服务质量→满意度	2.836	0.005	0.187	支持
沉浸体验→满意度	3.318	＊＊＊	0.206	支持
用户个体认知→满意度	3.079	0.002	0.208	支持
满意度→信息交互行为	8.975	＊＊＊	0.646	支持

Note:＊$P<0.05$;＊＊$P<0.01$;＊＊＊$P<0.001$。

5.6　讨论分析

从上述分析得出,研究提出的假设 H1、H2、H3、H4、H5 和 H6 均得到相关数据支持,假设成立。此外,根据数据结果对外因潜在变量的影响由高到低依次排序为新媒体信息质量($\beta=0.268$)、用户个体认知($\beta=0.208$)、新媒体沉浸体验($\beta=0.206$)、新媒体服务质量($\beta=0.187$)及新媒体系统质量($\beta=0.165$);内因潜在变量用户新媒体信息交互满意度($\beta=0.646$)对用户信息交互行为产生正向影响。

5.6.1 新媒体信息质量对信息交互满意度的影响

新媒体信息质量对用户新媒体信息交互满意度的标准化估计值为 0.268,P 值为 0.005,假设 H1 成立,验证新媒体信息质量对使用满意有正向影响,并对用户信息交互行为产生间接影响。研究假设与已有研究结论具有一致性,信息质量正向影响用户满意。[①] 衡量信息质量的指标比较多,本研究选取可信性、及时性和可靠性三个指标,分析新媒体环境下信息质量对用户信息交互满意度的影响。信息的可信性指企业与用户信息交互过程中,搜索到的信息的真实性。互联网技术发展带来网速提升及信息量急速扩增,导致网络上有更多的真实信息,但同时也充斥着大量的待确认信息或虚假信息,企业或用户在信息交互过程中倾向于获得真实信息,是使用满意的关键因素。信息及时性体现在信息的更新是否符合用户需求,用户在交互过程中需要搜索到最新的信息,以满足用户体验。信息的可靠性体现在交互的信息对企业和用户来说是否有用,企业与用户的信息交互过程目的是为了满足信息需求,达到使用的目的,信息的可靠性正是达到这一目的的指标。

除了信息的可信性、及时性和可靠性,随着信息技术的发展,提升信息质量还可以通过加入数据分析、人工智能等技术为用户提供信息增值服务,过滤虚假信息,提高信息的可解释性,从客观角度为用户提供完整的可追溯的信息,保证信息安全,控制信息获取的成本。

5.6.2　用户个体认知对信息交互满意度的影响

用户个体认知对用户新媒体信息交互满意度的标准化估计值为 0.208,P 值为 0.002,假设 H2 成立,验证用户个体认知对使用满意有正向影响,并对用户信息交互行为产生间接影响。研究假设与已有研究结论具有一致性,用户个体认知正向影响用户满意。个体认知主要包括个体的态度、能力和价值认知,是个体对外界刺激的综合反馈。新媒体环境下企业与用户信息交互过程中用户的个体认知描述了个体使用新媒体信息交互的意愿、能力水平以及交互评价。

如前文所述,大量研究证实个体认知是影响用户满意的重要因素。前述研究更多地将个体认知作为中介变量来分析其对用户满意的影响,而本研究的创新之处在于将个体认知作为外因变量,分析其对内因变量的影响,并通过实证数据验证了它的显著作用。研究证实,在实际交互过程中,提高用户的个体认知是提升用户满意的有效方法。关注用户是否倾向使用新媒体进行信息交互,提升企业与用户的信息交互能力,关注企业与用户的信息交互评价。

---

① 马费成.数据库信息资源内容质量用户满意度模型及实证研究[J].中国图书馆学报,2013,39(2):85-97.

5.6.3 沉浸体验对信息交互满意度的影响

沉浸体验对新媒体信息交互满意度的标准化估计值为 0.206，P 值小于0.05，假设 H3 成立，验证沉浸体验对满意度有正向影响，并且对用户交互行为产生间接影响。本研究提出的假设符合前述学者的研究成果，李晶等[①]通过梳理了信息交互领域的相关文献后指出，沉浸体验是一种可以让用户产生强烈的满足感和幸福感的心理过程，用户会全身心投入信息交互而忽视外界环境，并产生忘我的感觉或是感受不到时间流逝。同个体认知，较多的前述研究将沉浸体验作为中介变量来分析其对用户满意的影响，本研究将个体认知作为外因变量，分析其对内因变量的影响，并通过实证数据验证了它的显著作用。企业与用户使用新媒体进行信息交互过程中，沉浸体验会使用户沉浸于交互过程，忽视外界影响，提高满意度产生幸福感，进而持续、重复使用新媒体来进行信息交互。沉浸体验表述用户对交互过程的投入程度，而新媒体的显著特性是交互性和娱乐性，可以通过提供难度适中、便捷易操作的交互，使用户能力与交互难度相匹配，明确交互设计目标，提高用户体验，在交互过程中设置及时反馈，提升交互体验。

5.6.4 新媒体服务质量对信息交互满意度的影响

新媒体服务质量对用户新媒体信息交互满意度的标准化估计值为 0.187，P 值为 0.005，假设 H4 成立，验证服务质量对满意度存在正向影响，并间接地影响信息交互行为。这一假设也支持了前人的研究观点，例如沈军威等[②]认为移动图书馆信息交互过程形成的服务质量对用户满意度产生积极影响；李宗富等[③]认为档案馆微信号交互服务质量正向影响用户满意度。新媒体服务质量主要是指新媒体为用户提供各项服务质量的水平。本研究将个性化和交互性综合考虑并作为衡量新媒体服务质量的两大重要组成。

新媒体需要更多的个性化服务以满足不同用户的需要，以用户为中心，为用户提供满足其个体的信息服务，而不是泛化的大众式服务。例如，通过网络

---

① 李晶，卢小莉，李卓卓.学术社区用户沉浸体验的形成动因及其影响机理研究[J].大学图书情报学刊，2017，35(1):3-8.

② 沈军威，郑德俊.移动图书馆服务质量优化模式的构建研究[J].图书情报工作，2019(12):52-59.

③ 李宗富，郭顺利.档案微信公众号用户持续使用的理论模型及实证研究[J].档案学研究，2017(2):80-88.

建设,为用户带来更加个性的信息服务;完善新媒体平台,提高信息交互效果;通过云计算,为用户推送符合需求的内容;注重原创内容,提高用户的服务整体水平;融合用户、网络、平台、内容四个核心内容,提高用户服务质量,从而提高用户使用满意度。

5.6.5　新媒体系统质量对信息交互满意度的影响

新媒体系统质量对用户新媒体信息交互满意度的标准化估计值为 0.165,P 值为 0.018,假设 H5 成立,验证系统质量对满意度存在正向影响,并间接地影响信息交互行为。这一假设也支持了前人的研究观点,例如常颖等[①]认为搜索系统质量对用户跨屏在线信息搜索意愿有正向影响。本书研究的系统质量主要有系统的可靠性、易用性和响应性。通过提高系统防止故障造成系统失效来提高系统的可靠性。通过提高系统的适应性、功能性和有效性来提高系统的易用性,使新媒体在特定条件下更易被理解、学习和使用并吸引用户。增强新媒体的快速反馈能力,提高新媒体交互响应性。交互性是新媒体重要的特性,企业与用户通过新媒体进行信息交互,如果信息能够得到及时反馈,用户会对交互过程达到更高的满意水平。通过云计算、数据分析、人工智能等技术有效控制网络拥塞,完成极速反馈,提高系统质量,提高用户满意。

5.6.6　用户新媒体信息交互满意度对信息交互行为的影响

用户新媒体信息交互满意度对信息交互行为的标准化估计值为 0.646,P 值小于 0.05,说明满意度对信息交互行为存在正向影响,假设 H6 成立。这与许多前人研究的结论是一致的,如学者 Kamal Mohammed Alhendawi 等[②]提出用户满意对网络系统信息交互意愿有正向影响,用户使用移动政务 App 的意愿受满意度的影响。企业和用户可以通过新媒体获得需要的信息,并且随着满意度的提高,使用新媒体的时间和频率也会增加。新媒体要充分利用网络技术、云计算、虚拟现实等技术,为用户提供所需的信息服务,提高用户黏性,增加用户的信息服务体验。

---

① 常颖,王晰巍,韦雅楠,王铎.用户跨屏在线信息搜索意愿影响因素研究——基于信息生态视角[J].情报科学,2018(10):122-127.

② Kamal Mohammed Alhendawi,Ahmad Suhaimi Baharudin. The impact of interaction quality factors on the effectiveness of Web-based information system:the mediating role of user satisfaction[J]. Cognition,Technology & Work,2014,16(4):451-465.

5.7　本章小结

本章在梳理了国内外相关文献的基础上,基于信息生态因子理论构建新媒体环境下企业与用户信息交互影响因素模型,选择新媒体的主要代表用户进行问卷调查,运用探索性因子和结构方程模型,对所构建的概念模型进行验证。本章与第4、6、7章相呼应,为第8章新媒体环境下企业与用户信息交互行为引导对策提供理论支撑。

本章的研究工作和结论主要有以下四个方面。

(1)以信息人、信息、信息技术、信息环境和谐发展的信息生态理论为基础,结合沉浸理论以及信息系统成功模型构建了新媒体环境下企业与用户信息交互意愿影响因素模型。

(2)基于国内研究成果,从新媒体信息质量、用户个体认知、沉浸体验、新媒体服务质量、新媒体系统质量和用户新媒体信息交互满意度6个要素着手构建新媒体环境下企业与用户信息交互影响因素模型,并提出假设:新媒体信息质量对信息交互满意度有正向影响;用户个体认知对信息交互满意度有正向影响;沉浸体验对信息交互满意度有正向影响;新媒体服务质量对信息交互满意度有正向影响;新媒体系统质量对信息交互满意度有正向影响;用户新媒体信息交互满意度对信息交互行为有正向影响。

(3)设计调查问卷并在调查前通过小样本预调研,修正问卷存在问题,再选择新媒体环境下企业的主要用户群体发放问卷,进行调查和数据收集,并对数据进行信度和效度检验。使用 Amos 17.0 和 SPSS 22.0 软件,通过结构方程模型来进行验证性因子分析,采用最大似然法对各因子之间的路径系数值进行估计。

(4)研究发现假设 H1、H2、H3、H4、H5 和 H6 的检验结果均得到数据支持,假设成立。外因潜在变量对新媒体环境下企业与用户信息交互的影响作用大小依次为新媒体信息质量($\beta=0.268$)、用户个体认知($\beta=0.208$)、新媒体沉浸体验($\beta=0.206$)、新媒体服务质量($\beta=0.187$)及新媒体系统质量($\beta=0.165$);内因潜在变量用户新媒体信息交互满意度($\beta=0.646$)对用户信息交互行为产生正向影响。因此,我们应该聚焦于提高信息的可信、及时、可靠,为用户提供个性化的交互平台和产品,提供及时反馈,提高用户体验。

第6章　新媒体环境下企业与用户信息
交互效果评价

6.1　企业与用户信息交互效果评价问题的提出

党的十九大提出建设网络强国、数字中国、智慧社会,推动互联网、大数据、人工智能和实体经济深度融合。[①] 我国已进入大数据时代,"互联网+"、物联网、云计算等高科技研发及应用逐步推广至政务、企业经营、社会生活等各个方面。这是一个数据驱动的"智能时代"和"算法时代",企业生存面临机遇与挑战,需要借助信息科技进行传统模式创新,以更好地适应时代,加速发展。[②] 刘冰等人提出在信息交互过程中,随着用户在个性化的服务、交互参与程度、社交需求等方面的要求越来越高,用户可以充分表达自身需求,进行个性化信息消费。用户搜索、阅读、分享信息的同时也生成信息,从中获取更好的用户体验。因此可以从安全性、可理解性、导航性、完备性、易学性等指标对信息交互过程进行评价。[③] 刘巧英通过研究用户交互情境下的图书馆微服务评价过程,建立了包括信息交互服务对象、交互服务内涵、用户交互状态、交互服务绩效等指标。[④] 王晰巍等人基于信息生态理论,构建了移动终端门户网站评价指标体系,并进行实证研究。[⑤] 邓胜利等人采用实验法和半结构化访谈法构建网络健康信息质量评价标准框架,提出了内容质量、网络健康信息的相关性、及时性和

---

① 人民网.习近平在中国共产党第十九次全国代表大会上的报告[EB/OL].[2017 - 10 - 28].ht-tp://cpc.people.com.cn/n1/2017/1028/c64094-29613660.html.

② 马百皓.大数据时代背景下企业管理模式创新策略分析[J].品牌研究,2018(5):265 - 266.

③ 刘冰,卢爽.基于用户体验的信息质量综合评价体系研究[J].图书情报工作,2011(22):58 - 61.

④ 刘巧英.用户交互情境下的图书馆微服务评价研究[J].图书馆理论与实践,2019,234(4):94 - 98.

⑤ 王晰巍,杨梦晴,邢云菲.移动终端门户网站生态性评价指标构建及实证研究——基于信息生态视角的分析[J].情报理论与实践,2015,38(6):14 - 18.

可信度三个指标。[①]

国内外学者对于信息交互的评价做了大量研究。例如,侯振兴等[②]提出交互维度的评价可以分为人机交互和人际交互。Bauer 等[③]认为人机交互评价指标有可靠性、平台质量、隐私与安全性;人际交互评价指标有互动体验、客户服务、物流配送、情感投入和补偿性。梁孟华[④]认为交互式信息服务评价应该围绕用户交互需求、交互服务绩效、交互服务过程展开。在面向用户的数字图书馆信息交互服务综合评价实证研究中,将服务基础、服务质量、服务效果、服务成本确定为一级指标,并将资源数量、基础设备、人员配备、服务方式、服务满足、服务时间、服务规范,社会收益、经济收益,资源成本、其他成本确定为相应的二级指标。[⑤] 综上所述,现有研究成果中较少有基于信息生态因子理论对企业利用新媒体平台与用户进行信息交互过程构建评价指标的研究。

本章试图回答以下 3 个问题:

(1)如何利用信息生态理论推动新媒体环境下企业与用户的信息交互过程?

(2)信息生态因子理论如何应用于评价指标的构建?

(3)评价指标对指导用户及企业利用新媒体进行信息交互是否具有一定的指导意义?

6.2　评价指标体系的设计原则

张向先等人提出信息生态学是一门利用生态学理论和方法来研究人、人类社会组织与信息环境关系的理论。信息生态学理论是关注人类、生态系统及生物圈生存攸关的问题的综合分析、研究、模拟与预测,并着眼于未来的发展与反

---

① 邓胜利,赵海平.用户视角下网络健康信息质量评价标准框架构建研究[J].图书情报工作,2017,61(21):30-39.

② 侯振兴,朱庆华,袁勤俭.基于交互视角的 O2O 电子商务服务质量评价研究[J].情报科学,2016,34(9):138-144.

③ Bauer H H,Falk T,Hammerschmidt M. ETransQual:A transaction process-based approach for capturing service quality in online shopping [J]. Journal of Business Research,2006,59(7):866-875.

④ 梁孟华.基于用户交互的数字图书馆服务评价模型构建与实证检验[J].图书情报工作,2012,30(7):72-78.

⑤ 梁孟华.面向用户的数字图书馆信息交互服务综合评价实证研究——以武汉大学图书馆文献传递服务综合评价为例[J].图书情报知识,2012(02):57-62,68.

馈作用。[①] 基于信息生态理论,科学、系统地构建新媒体环境下企业与用户信息交互评价指标体系,使指标体系可比、可操作、可量化,具有代表性。对完善企业新媒体的交互功能,促进新媒体平台健康发展起到一定的指导作用。

(1)科学性原则

构建指标体系的前提和基础是保证其科学性,只有遵循科学规律、客观事实构建的指标体系才能保证结果的公正、合理。在构建指标体系过程中,选取研究对象、确定研究方法、分析研究结果等既要考虑评价研究的目的,又要考虑评价过程本身的自然属性,使评价指标体系具有科学性。[②]

(2)系统性原则

信息交互行为是信息在生产者、传递者、分解者、消费者之间的流转,是一个有机的系统。基于新媒体环境下的企业与用户信息交互是人类信息交互行为的一部分,是在特定的环境下由信息人、信息、信息技术构成的有机整体。[③]因此,构建新媒体环境下的企业与用户信息交互效果评价指标体系时,需要把整体信息交互作为一个系统来分析,使指标体系具有系统性。[④]

(3)可操作性原则

评价指标的可比性体现在评价研究建立在多个可以比较的研究对象之间,是对研究对象的综合评价。评价指标的可操作性体现在指标体系在应用到其他研究对象时也具有可评价功能,具有普遍适用性。评价指标的可量化性体现在指标可以进行数理统计分析,能够满足指标体系在可以定性分析的基础上进行定量研究,保证指标体系评价角度的完整。[⑤]

(4)代表性原则

指标体系的代表性原则体现在选取的指标要具有代表性,能够综合反映评价对象,具有典型性特征。指标数量要适度,在相似的指标中选择具有代表性的,能客观全面地评价的研究对象。代表性原则有助于找出评价对象的本质特征,完善和优化评价研究过程。[⑥]

---

① 张向先,郑絮,靖继鹏.我国信息生态学研究现状综述[J].情报科学,2008,26(10):1589－1593.

② 张洋,张磊.网络信息资源评价研究综述[J].中国图书馆学报,2010,36(5):75－89.

③ Davenport T H,Prusak L. Information Ecology:Mastering the Information and Knowledge Environment[J]. Academy of Management Executive,1997,15(3):86－90.

④ 涂以平.基于知识管理的图书馆绩效评价指标体系研究[J].图书馆学研究,2008(11):20－23.

⑤ 傅铅生,董岗.企业信息化水平的评价模型[J].商业研究,2003(23):21－24.

⑥ 谭净.我国高等教育国际化评价原则及核心指标的讨论[J].大学教育科学,2014(6):117－120.

6.3 评价指标设计

本研究梳理了国内外相关文献,在分析了相关研究对象、研究方法、参照模型、构建指标等基础上,采用了层次分析法与模糊综合评价法构建了新媒体环境下企业与用户信息交互效果评价体系。一级、二级指标如表 6.1 所示。

表 6.1 新媒体环境下企业与用户信息交互生态性评价指标

维度	一级指标	主要参考文献(书后参考文献)	二级指标	解释说明
信息人	C_1 信息交互安全性	[199][212] [200][214] [215]	数据安全备份 C_{11}	有防止操作失误或系统故障导致数据丢失,将数据集合从应用主机的硬盘或阵列复制到其他的存储介质
			加密技术 C_{12}	企业和用户在信息交互过程中平台数据有安全保密措施
			网络访问和控制技术 C_{13}	防止对数据资源进行未授权的访问
			病毒拦截与防护 C_{14}	预防、检测、清除病毒,实时反病毒技术
	C_2 信息交互参与性	[199][216] [169][218] [219][220]	互动平台 C_{21}	有企业和用户信息交互的功能模块
			意见交流 C_{22}	企业与用户能够交互信息,完善平台,满足信息需求
			用户评论 C_{23}	在交互过程中,企业及用户可以进行充分评论
			用户使用参数 C_{24}	在交互过程中,企业及用户发布信息、转发、评论、点赞等参数

维度	一级指标	主要参考文献（书后参考文献）	二级指标	解释说明
信息	C_3 信息交互有用性	[221][222][223][224]	信息内容真实性 C_{31}	交互信息与实际情况一致
			信息内容专业性 C_{32}	交互信息符合专业范畴,具有解释性,满足用户信息需求,提高用户对平台的信任
	C_4 信息交互易用性	[225][226][227]	信息获取 C_{41}	有易操作的信息阅读、下载技术
			信息共享 C_{42}	提供及时便捷的知识分享模块
			信息评论 C_{43}	有便捷的信息评论模块,为企业和用户发表评论提供保证
信息技术	C_5 新媒体平台	[199][225][228]	内容排版 C_{51}	平台文字、图片、视频等排版兼具实用性和美观性,提高用户体验
			浏览体验 C_{52}	流畅的浏览体验,为用户提供所需信息
			广告影响 C_{53}	在不影响用户体验的前提下合理展现广告,杜绝恶意广告弹窗
			智能推荐 C_{54}	为用户推荐针对性的所需信息
信息环境	C_6 信息交互服务性	[199][229][230][231]	服务有效性 C_{61}	提供实用的信息服务
			服务连续性 C_{62}	提供服务具有连续性
			服务延伸性 C_{63}	在原有服务基础上提供可延续的服务
			服务多样性 C_{64}	服务种类多样化,满足用户需求
			服务个性化 C_{65}	提供用户个性化服务,提高用户体验

其中,创新性地采用了层次分析法与熵值法结合的最优赋权模型,将二者融合,既避免了层次分析法的主观性,又能够体现指标的重要性关系,具有较高

的评估价值。结合信息生态理论,建立关键、细化、易量化的指标,避免由于指标抽象等导致的结果偏差。本章基于信息因子理论,构建了新媒体环境下企业与用户信息交互的生态性评价指标,包括 6 个一级指标,即安全性、参与性、有用性、易用性、新媒体平台和服务性。安全性和参与性两个指标体现了"信息人"因子的评价关注点;有用性和易用性两个指标体现了"信息"因子的评价关注点;信息交互的新媒体平台指标体现了"信息技术"因子的评价关注点;信息交互的服务性指标体现了"信息环境"因子的评价关注点。

6.3.1 信息交互安全性

信息交互安全性是指企业与用户在新媒体平台进行信息交互时涉及企业或个人的隐私的性质。[①] 随着信息技术的不断发展,对隐私信息披露的研究也越来越成为学术研究的热点。[②] 信息交互过程以及媒体本身特质决定了企业与用户越来越关注信息交互过程中的隐私风险和信息安全。[③] 良好的信息安全保障会增加企业与用户信息交互的信任程度,提升交互平台的整体环境。[④]

企业和用户在信息生态链中属于"信息人",在信息交互过程中保护信息人的个人隐私,主要有法律方法和技术方法。本研究针对技术方法构建 4 个二级指标,即数据安全备份、加密技术、网络访问和控制技术、病毒拦截与防护技术。体现在有防止操作失误或系统故障导致数据丢失,将数据集合从应用主机的硬盘或阵列复制到其他的存储介质;企业和用户在信息交互过程中平台数据有安全保密措施;防止对数据资源进行未授权的访问;预防、检测、清除病毒,实时反病毒技术。

6.3.2 信息交互参与性

信息交互参与性是指企业与用户在新媒体平台进行信息交互过程的参与

---

① 相甍甍,王晰巍,贾若男,王雷.移动商务中消费者个人隐私信息披露风险评价体系[J].图书情报工作,2018,62(18):34-44.

② Kshetri N. Big data's impact on privacy,security and consumer welfare[J]. Telecommunications Policy,2014,38(11):1134-1145.

③ Yoo B,Donthu N. Developing a scale to measure the perceived quality of an Internet shopping site (SITEQUAL)[J]. Quarterly journal of electronic commerce,2001,2(1):31-45.

④ Jun M,Yang Z,Kim D S. Customers' perceptions of online retailing service quality and their satisfaction[J]. International Journal of Quality & Reliability Management,2004.

程度。用户参与不仅包括行为,也包括认知和情感。[①] 用户在交互过程中更注重个人体验,并据此来决定是否进行信息交互、交互频次以及交互程度等。当用户体验达到较高水平,用户将获得沉浸体验,过滤掉周围环境的杂质进入专注状态,从而提高信息交互效果。[②] 信息交互的参与性体现企业与用户之间沟通的效率,较好的信息交互参与性可以增加企业与用户之间的信任。[③] 用户通过平台数据包括评论、分享、转发、点赞等了解商品和服务等信息,通过自己的用户体验增进与企业的交互程度,企业通过交互过程促进用户分享用户体验,从而吸引更多的用户进行交互。[④] 提高信息交互参与性可以优化信息交互过程,提高信息交互效果,增加企业与用户之间的互动。[⑤]

用户参与性指标主要针对用户对交互过程的参与程度来构建,是从“信息人”维度来构建的指标,具体包括用户使用参数、意见交流、用户评论和互动平台 4 个二级指标。体现在有企业和用户信息交互的功能模块;企业与用户能够交互信息,完善平台,满足信息需求;在交互过程中,企业及用户可以进行充分评论;在交互过程中,企业及用户发布信息、转发、评论、点赞等参数。

6.3.3　信息交互有用性

信息交互有用性是指企业与用户在新媒体平台进行信息交互时涉及的所有信息的可用属性。信息交互的有用性对满足企业及用户的信息需求有直接影响。[⑥] 在交互过程中,有时遇到信息过载等导致信息有用性下降,企业或用户无法便捷、快速地获取所需信息,需要建立合适的信息标准来提高交互信息

---

①　杨梦晴,王晰巍,李凤春,相甍甍.基于扎根理论的移动图书馆社群化服务用户参与影响因素研究[J].图书情报工作,2018,62(6):85－92.

②　毕强.网络环境中信息质量评价研究的开拓与创新——评《网络环境中基于用户视角的信息质量评价研究》[J].图书情报工作,2017,61(4):138－142.

③　Yang Z,Peterson R T,Cai S. Services quality dimensions of Internet retailing:An exploratory a-nalysis[J]. Journal of Services Marketing,2003,17(7):685－700.

④　Cai S,Jun M. Internet users' perceptions of online service quality:a comparison of online buyers and information searchers[J]. Managing Service Quality,2003,13(6):504－519.

⑤　Collier J E,Bienstock C C. Measuring service quality in e-retailing[J]. Journal of service re-search,2006,8(3):260－275.

⑥　赵文军,任剑.移动阅读服务持续使用意向研究——基于认知维,社会维,情感维的影响分析[J].情报科学,2017,35(8):72－78.

的有用性。[①] 研究证明,在信息交互过程中,信息的有用性显著影响用户对企业的信任,从而影响交互效果。[②] 在电子消费领域,研究发现感知的说服力、感知的信息性和来源的专业性是影响消费的重要因素,即交互过程信息的有用性对交互效果有直接影响。[③]

信息交互有用性是信息生态链中"信息"属性的重要指标,包括信息内容的真实性、专业性2个二级指标。体现在交互信息与实际情况一致;交互信息符合专业范畴,具有解释性,满足用户信息需求,提高用户对平台的信任。

6.3.4 信息交互易用性

信息交互易用性是指企业与用户在新媒体平台进行信息交互过程可以通过简便的操作过程满足信息需求的属性。[④] 提高信息交互易用性,应该以用户为中心设计符合用户使用习惯的信息产品,包括功能易用、内容可靠、易于维护更新、可以移植等。[⑤] 易用性是信息可用标准的一个层面,即用户可以很容易地完成交互操作,如简洁、有效的交互流程,目标与过程符合一致性,易于掌握,有预测性等。[⑥]

信息交互易用性是信息生态因子中"信息"属性的另一个重要指标,包括信息获取、信息共享、信息评论3个二级指标。体现在有易操作的信息阅读、下载技术;提供及时便捷的知识分享模块;有便捷的信息评论模块,为企业和用户发表评论提供保证。

6.3.5 新媒体平台

新媒体平台是信息生态因子"信息技术"的重要组成部分。新媒体平台整

---

① Earley, Seth. Standards Designed to Improve Information Usefulness[J]. Information Today, 2011,28(7):33-47.

② Swaak M, De Jong M, De Vries P. Effects of information usefulness, visual attractiveness, and usability on web visitors' trust and behavioral intentions[C]//2009 IEEE International Professional Communication Conference. IEEE,2009:1-5.

③ Hanh T D, Amaya R, Liao Y K. Examining the influence of customer-to-customer electronic word-of-mouth on purchase intention in social networking sites[J]. Asia Pacific Management Review, 2018:S1029313217301379.

④ 徐芳. 交互设计与政府网站信息服务优化研究[J]. 电子政务,2012(4):27-33.

⑤ 孟迪. 基于交互体验的产品易用性设计研究[D]. 福州:福州大学,2017.

⑥ 周姗楠. 如何提升重量级电信软件产品的信息易用性——文档工程师在易用性方面的独特探索[J]. 工业设计研究,2016(00):63.

体质量包括网页设计、功能模块、反馈机制等,较高的新媒体平台质量可以优化信息技术效果。新媒体平台建立清晰统一的导航功能,有美观的布局以及合理的色彩搭配,合理应用图片、音频、视频的工具,具备纯文本版本的站点地图等方式可以提高媒体的整体环境质量,从而提高信息交互效果。[①]

新媒体平台评价指标包括内容排版、浏览体验、广告影响、智能推荐 4 个二级指标。体现在平台文字、图片、视频等排版兼具实用性和美观性,提高用户体验;流畅的浏览体验,为用户提供所需信息;在不影响用户体验的前提下合理展现广告,杜绝恶意广告弹窗;为用户推荐针对性的所需信息。

6.3.6　信息交互服务性

信息交互服务性是指企业和用户在新媒体环境下进行信息交互过程中获得的服务,满足信息需求,提高交互效果。提高信息交互服务水平可以增加用户黏性,提高用户满意度,增加用户体验。[②] 服务性是信息交互过程衡量用户体验最直接的因素,用于提高各行各业的主体与用户进行信息交互的效果。[③] 随着经济技术的快速发展,信息服务的模式不断更新,信息服务的群体、资源、创新等都是影响信息服务水平的关键。[④]

信息交互服务性是基于信息交互的环境维度构建的指标,包括服务个性化、服务延伸性、服务连续性、服务多样性、服务有效性 5 个二级指标。体现在提供实用的信息服务;提供服务具有连续性;提供针对用户的个性化定制服务;在原有服务基础上提供可延续的服务。

[①]　王晰巍,杨梦晴,邢云菲.移动终端门户网站生态性评价指标构建及实证研究——基于信息生态视角的分析[J].情报理论与实践,2015,38(6):14-18.

[②]　胡昌平,周怡.数字化信息服务交互性影响因素及服务推进分析[J].中国图书馆学报,2008(6):53-57.

[③]　Jose Ribamar Siqueira, Enrique ter Horst, German Molina, Mauricio Losada, Marelby Amado Mateus. A Bayesian examination of the relationship of internal and external touchpoints in the customer experience process across various service environments[J]. Journal of Retailing and Consumer Services, 2020,53(3):1-12.

[④]　Zhao L, Zhang L, Wang D. Exploring the Requirements of Modern Information Service on Librarians[C]//2nd International Conference on Contemporary Education, Social Sciences and Ecological Studies (CESSES 2019). Atlantis Press, 2019.

6.4 基于 AHP 的信息交互效果评价
指标体系构建

层次分析法(the analytic hierarchy process,简称 AHP)是指将与决策相关的所有元素分解成目标层、准则层、方案层等,并用定性或定量分析方法得出决策。层次分析法最早于 20 世纪 70 年代由美国学者 Thomas L. Saaty 提出,是一种基于网络系统理论和多目标评价方法的层次权重决策分析法。层次分析法是一种系统性、简洁实用的决策方法,所需定量数据相对较少。层次分析法不仅可以应用于科研领域,也可以应用于生产、生活领域。[①]

层次分析法的主要步骤是:①建立层次结构模型。通过对研究对象的分析,确定各因素或指标之间的关系,构建反映其隶属关系的树状层次结构模型。②构造判断矩阵。将同一层次的因素或指标用矩阵形式表述出,使用专家咨询法对同一矩阵中的各个因素或指标进行重要性判断,通过两两比较打分,建立各层次因素或指标的比较判断矩阵。③检验判断矩阵的相容性并计算权重。为避免专家打分过程产生结果不一致的情形,需要在计算因素或指标相对权重的过程中进行一致性检验,并计算权重,最后计算各层次因素或指标相对于系统总目标的合成权重,对因素或指标进行排序,并进行一致性检验。[②]

6.4.1 构建层次结构模型

构建新媒体环境下企业与用户信息交互效果评价层次结果模型。包括三个层次,即目标层、准则层以及指标层。首先,以新媒体环境下企业与用户信息交互效果评价作为目标层次。其次,确定准则层,包括信息交互安全性(C_1)、信息交互参与性(C_2)、信息交互有用性(C_3)、信息交互易用性(C_4)、新媒体平台(C_5)、信息交互服务性(C_6)6 个维度的指标。最后,确定指标层,包括数据安全备份(C_{11})、加密技术(C_{12})、网络访问和控制技术(C_{13})、病毒拦截与防护(C_{14})、

---

① 邓雪,李家铭,曾浩健,等.层次分析法权重计算方法分析及其应用研究[J].数学的实践与认识,2012(7):93-100.

② 杨印生,李洪伟.管理科学与系统工程中的定量分析方法[M].长春:吉林科学技术出版社,2009:114.

互动平台(C_{21})、意见交流(C_{22})、用户评论(C_{23})、用户使用参数(C_{24})、信息内容真实性(C_{31})、信息内容专业性(C_{32})、信息获取(C_{41})、信息共享(C_{42})、信息评论(C_{43})、内容排版(C_{51})、浏览体验(C_{52})、广告影响(C_{53})、智能推荐(C_{54})、服务有效性(C_{61})、服务连续性(C_{62})、服务延伸性(C_{63})、服务多样性(C_{64})、服务个性化(C_{65})22 个指标。构建的新媒体环境下企业与用户信息交互效果评价指标层次结构如图 6.1 所示。

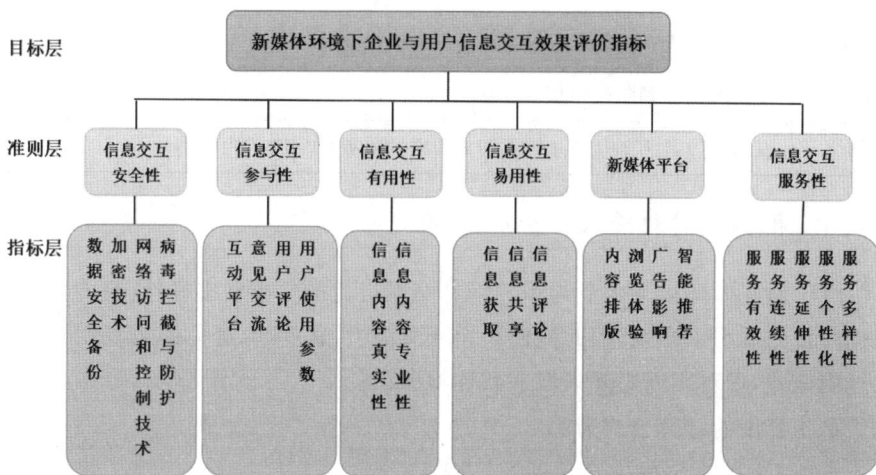

图 6.1　新媒体环境下企业与用户信息交互效果评价层次结构图

6.4.2　构造判断矩阵

本研究通过构造判断矩阵,对两两指标的重要性进行分析。一般判断矩阵的构造如下。

$$C = \begin{bmatrix} C & C_1 & C_2 & C_3 & \cdots & C_n \\ C_1 & C_{11} & C_{12} & C_{13} & \cdots & C_{1n} \\ C_2 & C_{21} & C_{22} & C_{23} & \cdots & C_{2n} \\ C_3 & C_{31} & C_{32} & C_{33} & \cdots & C_{3n} \\ \cdots & \cdots & \cdots & \cdots & & \cdots \\ C_n & C_{n1} & C_{n2} & C_{n3} & \cdots & C_{nn} \end{bmatrix}$$

C_i 与 C_j 表示与 C 有联系的下层元素。C_{ij} 表示就 C 而言,C_i 与 C_j 相比的相对重要性值,以此类推,运用两两配对的方法确定指标间的相对重要性。采用 $1-9$ 标度法衡量因素间的重要性程度,如表 6.2 所示。

表 6.2　九级标度表

标度	含义
1	表示两因素 i、j 相比，i 因素与 j 因素相同重要
3	表示两因素 i、j 相比，i 因素比 j 因素略微重要
5	表示两因素 i、j 相比，i 因素比 j 因素明显重要
7	表示两因素 i、j 相比，i 因素比 j 因素强烈重要
9	表示两因素 i、j 相比，i 因素比 j 因素极端重要
2,4,6,8	上述两相邻判断的中值
倒数	表示两因素 j、i 相比，j 因素与 i 因素的重要性标度

6.4.3　指标相对权重及一致性检验

由于新媒体环境下企业与用户信息交互行为的复杂和多样性，且专家打分过程存在主观因素影响，因此判断矩阵可能产生偏差，为避免因主观因素导致的过度偏差，现对判断矩阵采取一致性检验。

不相容度的计算公式为：

$$CI = \frac{\lambda_{\max} - n}{n - 1}$$

当 $CI = 0$ 时，说明判断矩阵有完全的一致性，整个指标体系有满意的一致性。引用 Thomas Saaty 平均随机一致性指标 RI，具体数据见表 6.3。

表 6.3　n 维向量平均随机一致性指标

n	3	4	5	6	7	8	9
RI	0.58	0.9	1.12	1.24	1.32	1.41	1.45

按照计算出来的 CI 和查询表给定的 RI，可以按照公式 $CR = CI/RI$ 计算出 CR，当 $CR < 0.1$ 时，认为判断矩阵相容性较好，反之，需要对判断矩阵进行重新调整。

层次排序采用公式 $CX = \lambda_{\max} X$，求出 C 的最大特征值 $\lambda_{\max}$ 及对应的特征向量 $X = (X_1, X_2, X_3, X_4)^{\mathrm{T}}$，将定性因素关系向定量化进行了转换，并对权重进行归一化处理：

$$X_1^* = \frac{X_i}{\sum_{j=1}^{4} X_j} \quad i = (1,2,3,4)$$

采用上述步骤对各层权重进行计算后,对各层指标相对于总目标的权重进行计算。假设目标评价体系共有 m 层,则第 m 层对总目标的组合权重向量为:$\boldsymbol{X}(m)=\boldsymbol{X}(m)\boldsymbol{X}(m-1)$,其中,$\boldsymbol{X}(m)$ 是以第 m 层对第 $(m-1)$ 层的权重向量为列向量组成的矩阵。这个权重向量的计算是由最高层次的指标向最低层次的指标逐层由高到低进行计算。

6.5　基于 FCE 的企业与用户信息交互效果评价方法

6.5.1　模糊综合评价方法

1965 年美国学者 L. A. Zadeh 提出了一套可以用来描述事物不确定性的理论——模糊综合评价方法(fuzzy comprehensive evaluation,FCE)。该方法建立在模糊数学的基础上,是一种根据模糊数学隶属度理论,将定性评价转化为定量评价的数理统计方法,用模糊数学对受到多种因素制约的研究对象做出一个综合性的评价方法。模糊综合评价法的基本步骤是:①基于评价对象特征构建评价指标。②计算各项指标权重,得出模糊综合判断矩阵。③根据模糊综合判断矩阵以及指标权重和隶属度,进行模糊综合运算,得出评价结果。该方法被广泛应用于各行各业,如企业业绩评估、客户服务质量评价、人力资源评价、企业竞争力评价、生产绩效评估、教学质量评估等。

6.5.2　基于 FCE 的企业与用户信息交互效果评价过程

(1)确定因素集和评语集

因素集是以影响评价对象的各种因素组成的集合,用 R 表示,如:$R=\{R_1,R_2,\cdots,R_n\}$。评语集是以评判者对评判对象可能做出的各种总的评判结果组成的集合,通常用 V 表示。本研究采用 5 分制,见表 6.4。

表 6.4　5 分制对应标准表

非常差	比较差	一般	比较好	非常好
1	2	3	4	5

（2）建立权重集

基于 AHP 的权重设计反映各因素的重要程度。对各个因素 R_i 赋予相应的权数 W_i，其集合为 $W=\{W_1,W_2,\cdots,W_n\}$。对因素 R_i 的子因素 $R_{ij}(i=1,2,\cdots,m$ 且 $j=1,2\cdots,n)$ 赋予相应的权数 $W_{ij}(i=1,2,\cdots,n$ 且 $j=1,2,\cdots,m)$，其集合表示为 $\overline{W_i}=\{W_{i1},W_{i2},\cdots,W_{im}\}$。

（3）建立各因素 R_i 的综合评价矩阵

运用专家小组评价法对 R_i 下属的各子因素评级

$$R_i = R = \begin{bmatrix} r_{11} & r_{12} & \cdots & r_{1n} \\ r_{21} & r_{22} & \cdots & r_{2n} \\ \vdots & \vdots & & \\ r_{m1} & r_{m2} & \cdots & r_{mn} \end{bmatrix}$$

其中，r_{ij} 表示从因素 R_i 着眼某事物能被评为 V_j 的隶属程度，即 r_{ij} 为因素 R_i 对等级 V_j 的隶属度，因而矩阵 R_i 的第 i 行 $r_i=\{r_{i1},r_{i2},\cdots,r_{in}\}$，为第 i 个因素 R_i 的单因素评价，它是 V 上的模糊子集。

（4）模糊综合评判数学模型

当权重集 W 和评判矩阵 R_i 为已知时，可做模糊变换来进行综合评判，模糊综合评判的数学模型为：

$$S_i = W \times R_i$$

6.6 实证分析

信息技术促使新媒体形式推陈出新，目前常见的新媒体种类众多，以视频类平台、社交平台、自媒体平台、问答类平台等为主要形式。典型的社交媒体平台有 Facebook、Twitter、微信、微博、YouTube、百家号、头条、Quora、Answers、Yahoo、360 问答、知乎、百度问答、悟空问答等。为了检验构建的指标体系是否具有实用性，本研究选取了 10 个新媒体交互平台，涵盖常见的 4 种新媒体平台形式，以便全面分析新媒体环境下企业与用户的信息交互效果。所选新媒体平台为新浪微博、腾讯微信、斗鱼、喜马拉雅、企鹅号、360 问答、映客、百家号、头条、知乎。

6.6.1　评价指标数据分析

(1)专家打分得出判断矩阵

判断矩阵见表 6.5—6.11。

表 6.5　一级指标判断矩阵

	C_1	C_2	C_3	C_4	C_5	C_6	权重
C_1	1	1/9	1/7	1/6	1/3	1/4	0.029 47
C_2	9	1	2	3	7	5	0.414 103
C_3	7	1/2	1	2	4	3	0.244 584
C_4	6	1/3	1/2	1	3	2	0.157 515
C_5	3	1/7	1/4	1/3	1	1/2	0.060 24
C_6	4	1/5	1/3	1/2	2	1	0.094 087
$\lambda_{max}=6.117\,2,CI=0.023\,448,CR=0.018\,91<0.1,符合一致性检验$							

表 6.6　C_1 子指标判断矩阵

	数据 安全备份	加密技术	网络访问 和控制技术	病毒 拦截与防护	权重
数据 安全备份	1	1/3	3	1/2	0.164 311
加密技术	3	1	7	2	0.495 229
网络访问 和控制技术	1/3	1/7	1	1/4	0.064 403
病毒 拦截与防护	2	1/2	4	1	0.276 057
$\lambda_{max}=4.020\,6,CI=0.006\,853,CR=0.007\,614\,5<0.1,符合一致性检验$					

表 6.7 C_2 子指标判断矩阵

	互动平台	意见交流	用户评论	用户使用参数	权重
互动平台	1	6	3	2	0.489 918
意见交流	1/6	1	1/2	1/4	0.075 778
用户评论	1/3	2	1	1/2	0.151 555
用户使用参数	1/2	4	2	1	0.282 75
$\lambda_{max}=4.010\ 4, CI=0.003\ 454\ 3, CR=0.003\ 838\ 1<0.1$,符合一致性检验					

表 6.8 C_3 子指标判断矩阵

	信息内容真实性	信息内容专业性	权重
信息内容真实性	1	2	0.666 6
信息内容专业性	1/2	1	0.333 3
$\lambda_{max}=2, CI=0, CR=0<0.1$,符合一致性检验			

表 6.9 C_4 子指标判断矩阵

	信息获取	信息共享	信息评论	权重
信息获取	1	3	2	0.539 615
信息共享	1/3	1	1/2	0.163 424
信息评论	1/2	2	1	0.296 961
$\lambda_{max}=3.009\ 2, CI=0.004\ 601\ 4, CR=0.007\ 933\ 4<0.1$,符合一致性检验				

表 6.10 C_5 子指标判断矩阵

	内容排版	浏览体验	广告影响	智能推荐	权重
内容排版	1	1/2	2	5	0.286 177
浏览体验	2	1	3	8	0.504 241
广告影响	1/2	1/3	1	2	0.145 583
智能推荐	1/5	1/8	1/2	1	0.063 998
$\lambda_{max}=4.016\ 6, CI=0.005\ 531\ 2, CR=0.006\ 145\ 8<0.1$,符合一致性检验					

表 6.11　C_6 子指标判断矩阵

	服务 有效性	服务 连续性	服务 延伸性	服务 多样性	服务 个性化	权重
服务有效性	1	4	7	6	3	0.510 628
服务连续性	1/4	1	2	1	1/2	0.109 66
服务延伸性	1/7	1/2	1	1/2	1/5	0.054 343
服务多样性	1/6	1	2	1	1/3	0.093 636
服务个性化	1/3	2	5	3	1	0.231 733
$\lambda_{max}=5.0\,657, CI=0.016\,423, CR=0.014\,663<0.1$, 符合一致性检验						

（2）得出指标体系权重

指标体系权重见表 6.12。

表 6.12　指标体系权重表

一级指标	一级 指标权重	二级指标	二级 指标权重	二级指标 综合权重
C_1 信息交互安全性	0.029 47	数据安全备份	0.164 311	0.004 842
		加密技术	0.495 229	0.014 594
		网络访问和控制技术	0.064 403	0.001 898
		病毒拦截与防护	0.276 057	0.008 135
C_2 信息交互参与性	0.414 103	互动平台	0.489 918	0.202 877
		意见交流	0.075 778	0.031 38
		用户评论	0.151 555	0.062 759
		用户使用参数	0.282 75	0.117 088
C_3 信息交互有用性	0.244 584	信息内容真实性	0.666 6	0.163 04
		信息内容专业性	0.333 3	0.081 52
C_4 信息交互易用性	0.157 515	信息获取	0.539 615	0.084 997
		信息共享	0.163 424	0.025 742
		信息评论	0.296 961	0.046 776
C_5 新媒体平台	0.060 24	内容排版	0.286 177	0.017 239
		浏览体验	0.504 241	0.030 375
		广告影响	0.145 583	0.008 77
		智能推荐	0.063 998	0.003 855

续表

一级指标	一级指标权重	二级指标	二级指标权重	二级指标综合权重
C_6信息交互服务性	0.094 087	服务有效性	0.510 628	0.048 043
		服务连续性	0.109 66	0.010 318
		服务延伸性	0.054 343	0.005 113
		服务多样性	0.093 636	0.008 81
		服务个性化	0.231 733	0.021 803

（3）熵值法

熵的概念来源于热力学，是对系统状态不确定性的一种度量。在信息论中，信息是系统有序程度的度量，而熵是系统无序程度的度量，两者绝对值相等，符号相反。因此，可以用于评价过程。通过熵值法可以得到各个指标的信息熵。信息熵越小，说明信息的无序程度越低，信息效用值越大，指标权重越大。

首先对数据进行归一化处理。由于各项指标计量单位并不统一，因此在计算综合权重前先要对它们进行标准化处理，即把指标的绝对值转化为相对值，并令 $x_{ij} = |x_{ij}|$，从而解决各项不同质指标值的同质化问题。而且，由于正向指标和负向指标数值代表的含义不同（正向指标数值越高越好，负向指标数值越低越好），因此，对于高低指标我们用不同的算法进行数据标准化处理。具体方法如下：

对于正向指标：

$$x_{ij} = 0.998 \frac{x_{ij} - \min(x_{1j}, \cdots, x_{nj})}{\max(x_{1j}, \cdots, x_{nj}) - \min(x_{1j}, \cdots, x_{nj})} + 0.002$$

对于负向指标：

$$x_{ij} = 0.998 \frac{\max(x_{1j}, \cdots, x_{nj}) - x_{ij}}{\max(x_{1j}, \cdots, x_{nj}) - \min(x_{1j}, \cdots, x_{nj})} + 0.002$$

计算第 j 项指标下第 i 方案指标值的比重 p_{ij}：

$$p_{ij} = \frac{x_{ij}}{\sum_{i=1}^{n} x_{ij}} \quad (j = 1, 2, \cdots, m)$$

计算第 j 项指标的熵值 e_j：

$$e_j = -k \sum_{i=1}^{n} p_{ij} \ln p_{ij}$$

其中 $k = 1/\ln(n)$，满足 $e_j \geqslant 0$。

计算信息熵冗余度：

$$g_j = 1 - e_j$$

计算各项指标权重：

$$W_j = \frac{g_j}{\sum\limits_{j=1}^{m} g_j}$$

(4)最优赋权法

主观赋权法是通过相关领域专家和学者根据经验以及主观价值来确定各指标权重的方法，包括层次分析法、专家评判法等。客观赋权法是利用数理统计方法将各指标实际观测值分析处理来确定各指标权重的方法，包括变异系数法、熵值法、离差最大化法等，某最优赋权法是结合主观赋权法和客观赋权法进行组合最终确定各指标权重的方法，其能够兼具主观赋权法与客观赋权法的优势，中和偏差。

组合权重向量 $\boldsymbol{V}_0$ 和第 k 种评价方法确定的权重向量 $\boldsymbol{V}_k$ 的偏差为 $v_0 - v_k = (v_{10} - v_{1k}, v_{20} - v_{2k}, \cdots, v_{n0} - v_{nk}) k = 1, 2, \cdots, s$，目标是使组合权重与已知的 s 种权重的偏差达到最小，在偏差平方和最小的意义下构造最优化模型。

$$\min \sum_{k=1}^{s} \parallel v_0 - v_k \parallel^2 = \min \sum_{k=1}^{s} \sum_{j=1}^{n} (v_{j0} - v_{jk})^2$$

$$= \min \sum_{k=1}^{s} \sum_{j=1}^{n} \Big[\sum_{k=1}^{s} \theta_k v_{jk} - v_{jk} \Big]^2 (s.t. \sum_{j=1}^{n} v_{j0} = 1)$$

本研究选取 5 个专家对各研究对象进行打分，采用熵值法对权重进行计算，得到熵值法以及最优赋权模型中各指标权重如表 6.13 所示。

表 6.13　最优赋权计算权重表

二级指标	层次分析法计算权重	熵值法计算权重	最优赋权法计算权重
数据安全备份	0.004 842	0.045 348	0.017 34
加密技术	0.014 594	0.041 863	0.023 008
网络访问和控制技术	0.001 898	0.056 825	0.018 845
病毒拦截与防护	0.008 135	0.036 855	0.016 996
互动平台	0.202 877	0.042 144	0.153 285
意见交流	0.031 38	0.029 325	0.030 746
用户评论	0.062 759	0.068 619	0.064 567

续表

二级指标	层次分析法计算权重	熵值法计算权重	最优赋权法计算权重
用户使用参数	0.117 088	0.034 557	0.091 624
信息内容真实性	0.163 04	0.054 921	0.129 681
信息内容专业性	0.081 52	0.052 678	0.072 621
信息获取	0.084 997	0.052 959	0.075 112
信息共享	0.025 742	0.041 216	0.030 516
信息评论	0.046 776	0.067 961	0.053 312
内容排版	0.017 239	0.027 348	0.020 358
浏览体验	0.030 375	0.045 112	0.034 922
广告影响	0.008 77	0.025 983	0.014 081
智能推荐	0.003 855	0.050 685	0.018 304
服务有效性	0.048 043	0.064 486	0.053 116
服务连续性	0.010 318	0.050 373	0.022 677
服务延伸性	0.005 113	0.039 012	0.015 572
服务多样性	0.008 81	0.049 079	0.021 234
服务个性化	0.021 803	0.022 651	0.022 065

(5)得出评价结果

评价结果见表6.14。

表 6.14 评价结果表

	1	2	3	4	5	最终得分
百家号	0.856 374	0.050 956	0.045 477	0.047 175	0	1.283 419
360 问答	0.640 16	0.114 737	0.149 817	0.082 369	0.012 899	1.713 056
映客	0.486 058	0.148 406	0.166 45	0.074 477	0.124 591	2.203 083
知乎	0.509 826	0.059 4	0.030 68	0.016 397	0.383 68	2.704 652
斗鱼	0.390 902	0.096 38	0.165 097	0.068 891	0.278 712	2.748 078
喜马拉雅	0.231 649	0.147 803	0.104 432	0.119 83	0.396 27	3.301 216
哔哩哔哩	0.135 475	0.103 822	0.175 618	0.114 889	0.470 177	3.680 418
头条	0	0.048 039	0.124 233	0.143 208	0.684 503	4.464 121
新浪微博	0.004 624	0.066 285	0.089 184	0.109 347	0.730 542	4.494 844
腾讯微信	0.006 26	0.007 466	0.007 466	0.013 726	0.965 064	4.923 815

6.6.2　评价结果讨论分析

（1）一级指标评价结果分析

从一级指标的权重得分按照由高到低排序依次为：信息交互参与性、信息交互有用性、信息交互易用性、信息交互服务性、新媒体平台、信息交互安全性。

权重得分最高的是信息交互参与性指标 C_2 为 0.414 103，说明评价新媒体环境下企业与用户信息交互效果最重要的因素是互动参与。关注新媒体平台的交互功能，提高平台交互的可用性，包括设计针对用户更易掌握、使用、具有系统的有效性的功能，使用户在交互过程中感受到自身价值感，从而提高用户参与度。关注基于用户数据的信息交互模块和用户使用参数，如用户生成内容，企业及用户信息发布、转发、评论、点赞等信息行为。同时，新媒体平台作为虚拟社交空间，应关注用户有评论和发表意见的需求，借助相应的信息技术设置充分的交互空间，让信息在企业和用户之间形成交流和反馈。

此外，信息交互有用性指标 C_3 得分为 0.244 584。5G 技术助推人类进入智能化、大数据时代，网络信息繁杂，数据量激增，导致信息交互数据的有用性、真实性降低。在这种情况下，应关注新媒体平台的交互信息真实、可靠，要与实际情况相符。信息质量较高，具有专业含义或解释，能满足用户的信息需求，提高用户对新媒体交互平台的信任。信息交互易用性指标 C_4 得分为 0.157 515。在信息交互过程中，易用特征能够提高交互的效率，尤其在互联网时代，提升效率是关键因素。在信息获取、信息评论、信息共享过程中，设置易于操作的信息阅读、下载技术，提供及时便捷的知识共享、评论交流模块，可以提升新媒体平台交互的易用性。信息交互服务性指标 C_6 得分为 0.094 087。新媒体平台的服务水平作为影响用户体验的重要因素，用于评价信息交互过程、信息交互效果。交互服务性贯穿交互过程的始终，从前期交互设计、中期交互应用到后期交互问题处理、交互过程更新设计等。交互服务性体现了用户信息需求得到什么层次的满足，是可以通过定性、定量衡量的指标。随着信息技术和新媒体的发展，用户的交互习惯、信息需求等会逐渐分化，种类越来越繁杂，提高信息交互服务水平，精准分析用户特征，绘制用户画像，提供实效的用户服务产品是提高新媒体环境下企业与用户信息交互效果的重要途径。新媒体平台指标 C_5 得分为 0.060 24。新媒体平台呈现给企业与用户的首先是直观的视觉体验，包括主题内容、版式设计、色彩作用、形式内容、三维空间构成等。其次，在交互过程中,有导向清晰、便于使用的、快速下载、应用如 Java 动画等小容量达到图形或文字产生动态效果的技术、应用 VR、AR 等虚拟现实技术。此外,合理展现广告内容,可以杜绝恶意广告弹窗,提供智能有效的推荐内容,可以提高企业和用户的浏览体验。信息交互安全性指标 C_1 得分为 0.029 47。近些年,随着信息技术的发展,人们对网络信息交互的安全的意识不断增强,更多的企业及用户采取相应的措施来增加信息交互的安全性,如防火墙、数据加密、Web 安全技术、媒体安全技术,保护网络、应用、系统的安全。我国从 1997 年开始陆续制定信息安全的相关法律法规,从政策立法上加强了信息安全。此外,研发信息安全硬件、软件技术的企业层出不穷,保障了各行各业的网络信息交互安全。

(2)二级指标评价结果分析

从二级指标权重得分来看,互动平台(C_{21} 为 0.153 285)所占权重在所有二级指标中最大,说明新媒体环境下企业与用户信息交互功能模块最为重要。信息内容真实性(C_{31} 为 0.129 681)指标所占权重排列第二,说明信息交互内容即信息本身需要与事实一致,是评价信息交互效果较为重要的指标。用户使用参数(C_{24} 为 0.091 624)指标权重排列第三,说明反映企业与用户交互状况的数据如信息发布、转发、评论、点赞等可以较好地评价信息交互的效果。其余二级指标权重按照得分排序为信息获取(C_{41} 为 0.075 112),信息内容专业性(C_{32} 为 0.072 621),用户评论(C_{23} 为 0.064 567),信息评论(C_{43} 为 0.053 312),服务有效性(C_{61} 为 0.053 116),浏览体验(C_{52} 为 0.034 922),意见交流(C_{22} 为 0.030 746),信息共享(C_{42} 为 0.030 516),加密技术(C_{12} 为 0.023 008),服务连续性(C_{62} 为 0.022 677),服务个性化(C_{65} 为 0.022 065),服务多样性(C_{64} 为 0.021 234),内容排版(C_{51} 为 0.020 358),网络访问和控制技术(C_{13} 为 0.018 845),智能推荐(C_{54} 为 0.018 304),数据安全备份(C_{11} 为 0.017 34),病毒拦截与防护(C_{14} 为 0.016 996),服务延伸性(C_{63} 为 0.015 572),广告影响(C_{53} 为 0.014 081)。其中,广告影响指标权重排在最后,说明广告对信息交互效果的影响较小。

(3)实证对象评价结果分析

10 个新媒体平台的信息交互效果评价打分排序为腾讯微信、新浪微博、头条、哔哩哔哩、喜马拉雅、斗鱼、知乎、映客、360 问答、百家号。反映了这 10 家新媒体平台在信息人、信息、信息环境、信息技术方面的生态性状况和信息交互效果。在信息交互参与性方面,腾讯微信、新浪微博体现得较好。其增加互动参与功能,使企业与用户能够进行充分的互动交流,表述各自的信息需求,能够在平台进行信息获取、评论、反馈、校正等,并通过分析企业与用户的参与互动数据,进一步完善交互功能。信息交互参与性体现了信息的动态性,即信息流,信息在正向和逆向的流通中完成信息的交互过程,使信息交互的主体即信息人满足信息需求。在信息交互有用性方面,头条、知乎、360 问答体现得较好。信息交互的有用性体现了企业与用户在交互过程中对实效的需求。近些年信息量快速增长,呈现信息量爆炸的状态,导致信息管理不善,信息的发布、传播失去了控制,产生了大量的虚假信息、无用信息、有害信息,这些信息垃圾都会降低信息交互的效果。上述平台关注为用户提供信息交互服务,提高了信息交互的实效。在信息交互易用性方面,哔哩哔哩体现得较好。其交互功能简单、实用,提供便捷的点赞、不喜欢、投币、收藏、转发、评论区域,适合不同层次的用户。在信息交互服务性方面,喜马拉雅、映客、斗鱼、百家号体现得较好。其提供随时随地的个性化服务,根据用户需求调整内容和服务形式。在新媒体平台和信息交互安全性方面,新浪微博、腾讯微信和哔哩哔哩体现得较好。其在网页制作、内容排版、智能推荐、数据安全备份、病毒拦截等方面采取相应的信息技术以提高信息交互效果。

6.7　本章小结

本章在梳理了国内外相关文献的基础上,基于信息生态因子理论构建的新媒体环境下企业与用户信息交互效果评价指标体系,选取 10 个典型的新媒体平台对指标体系进行实证分析。本章分析了信息生态系统各要素作用机制,与第4、5、6 章相呼应,为第 8 章新媒体环境下企业与用户信息交互行为引导对策提供理论支撑。

本章主要研究工作和结论如下。

(1)以信息生态理论为基础,从信息技术、信息人、信息环境和信息四个要素着手分析信息交互评价过程。基于信息人构建了信息交互安全性、信息交互参与性 2 个一级指标,基于信息构建了信息交互有用性、信息交互易用性 2 个一级指标,基于信息环境构建了信息交互服务性 1 个一级指标,基于信息技术构建了新媒体平台 1 个一级指标。研究发现信息交互参与性、信息交互有用性、信息交互易用性是评价信息交互效果的主要指标。研究通过信息生态理论推动新媒体环境下企业与用户信息交互过程。

（2）采用层次分析法与模糊综合评价法构建了新媒体环境下企业与用户信息交互效果评价体系，为避免单纯使用层次分析法可能导致的主观性，采取层次分析法结合熵值法的最优赋权模型，提高指标体系的科学性。

（3）研究得到 6 个一级指标和 22 个二级指标的权重。对构建指标体系进行实证分析，选取 10 个涵盖常见种类的代表性新媒体平台，组织相关领域专家对平台的各个指标进行打分。对评价结果进行讨论分析，包括一级指标评价结果分析、二级指标评价结果分析以及实证对象评价结果分析，验证所构建的评价指标体系具有适用性。本研究构建的评价指标对指导企业及用户利用新媒体进行信息交互具有一定的指导意义。

第 7 章　新媒体环境下企业与用户信息交互模式

7.1　问题的提出

通过前文研究结果可以发现,新媒体环境下可以通过构建企业与用户信息交互行为特征模型,分析企业与用户的信息交互行为特征来研究企业与用户的信息交互过程;通过提高新媒体信息质量,提高用户个体认知,提升企业和用户信息交互体验,营造沉浸感,提升新媒体服务质量,提高新媒体系统质量,增加用户新媒体信息交互满意度等方式来提升企业与用户信息交互意愿;通过增加企业与用户信息交互的参与性、信息交互的有用性、信息交互的易用性,完善新媒体平台,提升信息交互服务水平等方式来提高企业与用户信息交互效果。本章结合前几章的研究工作基于信息生态位视角分析相应的信息交互模式,包括信息人交互模式、信息技术交互模式、信息环境交互模式,探索信息人、信息技术、信息环境在信息生态链的相互作用,有助于研究新媒体环境下企业与用户信息交互行为,提升新媒体环境下企业与用户信息交互意愿,优化信息交互的过程。

信息生态理论研究信息技术、信息人、信息、信息环境的作用机制,目的是构建信息生态平衡,促进相关领域信息生态建设。本书研究企业与用户在新媒体环境下的信息生态问题,主旨是分析企业与用户借助各类新媒体平台进行信息交互的规律,利用随着信息技术及客观环境的影响而逐渐形成的不同交互模式的特点,优化企业与用户的信息交互过程,塑造企业核心竞争优势,提升企业品牌影响力。

在信息生态的 4 个因子当中,信息因子作为关键要素在信息人、信息技术、信息环境中发挥重要作用,影响其他 3 个因子的运行,也正是通过信息因子的影响而形成了不同的信息交互模式。因此,本章主要从信息因子影响下的信息人交互模式、信息技术交互模式、信息环境交互模式来分析新媒体环境下企业与用户信息交互模式的特点。结合相应模式下的典型企业信息交互模式案例进行特点分析和对比分析,找出不同信息生态位的交互模式优势。

7.2　用户生成内容的交互模式及案例

7.2.1　用户生成内容交互模式

新媒体环境下的用户生成内容交互模式是指在信息交互过程中,交互主体对整个信息交互生态链起到关键作用,通过分析信息人的信息行为特征有助于完善交互模式,促进交互生态链平衡发展。在信息生态要素中,信息人因子包括信息生产者、信息传递者、信息分解者和信息消费者。相应的,用户生成内容交互模式可以分为以信息生产者为主的交互模式、以信息传递者为主的交互模式、以信息分解者为主的交互模式和以信息消费者为主的交互模式。企业在与用户进行信息交互过程中可以采用其中一种或多种结合的方式来完成。信息生产者是创造、生产信息或知识的组织及个人,包括行政机关、科研机构、教育机构、企事业单位、社会团体、各类用户等,视为信息生态链的出发点是信息的创制者,促成了信息的流通,在整体信息生态链运行中发挥重要作用。信息传递者主要负责信息的流通;信息分解者负责将接收到的信息提取还原,使信息具备使用状态提供给信息消费者;信息消费者作为信息生态链一个链条的末端,负责接收信息、使用信息。

(1)信息生产者

新媒体平台的信息生产者是互联网最主要的内容贡献者,通常分为3类。

①UGC(user-generated content)用户生成内容。用户将原创信息内容发布到网络平台作为公开信息或者指定给其他用户,内容具有原发性、创新性,生产者大多为非专业领域人员或组织。用户生成内容极大地丰富了网络空间,产生了大量的用户数据,但是由于用户生成内容难以标准化、水平良莠不齐、真伪难辨,导致用户生成内容质量下降,需要政府、企业或平台加以监管和引导。

②PGC(professionally-generated content)专业生成内容。指由具备一定

的专业领域知识的组织或个人在网络上发布的信息,具有内容、编辑、设置、分类等专业化的特点,也称为 PPC(professionally-produced content),多见于高端专业媒体。

③OGC(occupationally-generated content)品牌生成内容,指具有相关知识和专业背景的行业人士生产的内容。OGC 与 PGC 的区别是其以专业背景生产信息并因此领取报酬,即 OGC 是一种职业,如为视频、新闻等网站提供信息内容的编辑、版主、官方吧主、官方博主、平台记者、头部用户、"大 V"等。

三种形式的信息生产者具备不同的特点,UGC 与 PGC 互相包含,UGC 中具备专业知识的信息生产者可以承担 PGC 的角色,而 PGC 中服务于专业平台获取报酬的信息生产者可以承担 OGC 的角色。因此,PGC、UGC、OGC 的关系如图 7.1 所示。

图 7.1　PGC、OGC、UGC 关系图

(2)信息传递者

信息传递者是指在信息流通过程中负责传递信息的组织或个人,包括新闻传播媒体、管理咨询机构、数据分析中心、企业新媒体平台等。信息传递者作为信息生态链中的中间环节,是促进信息正常流动的关键节点。企业的新媒体平台具备传播速度快、加载数据量大、互动参与性强、形式迭代更频繁、安全性更好、功能更完善等特点,承担着信息传递者角色。各种信息内容由信息生产者

通过内容分发技术、冷启动技术、读者数据服务等达到新媒体平台,而后新媒体平台通过信息的搜索、分发技术为用户提供信息个性化服务。

(3)信息分解者

信息传递者将信息处理后分发至信息分解者,信息分解者将信息加工处理,对信息进行解释还原,供信息生产者、传递者、消费者再一次利用,促进信息生态系统的不断循环。新媒体环境下,各类平台依据信息搜索、分析、云计算等处理技术将文字、音频、视频等信息加工处理,分解出细化的信息内容再流通、再利用,扩增了信息生态系统容量。

(4)信息消费者

信息消费者是指具有信息需求,可以通过网络平台对信息进行使用来实现满足信息需求目的的用户及组织。信息消费者被视为当前信息生态链的终端,同时也是下一个信息生态链的起始点。按照主观意愿的不同,可将信息消费者对信息的消费类型分为主动获取和被动获取;按照是否支付费用,可分为付费和免费。新媒体环境下,企业或用户获取信息可以采取主动查询,也可以通过在网络上被推送而获取。目前,大多数新媒体平台采取提供免费信息服务模式,也有一些新媒体平台尝试转型,提供知识付费服务,为信息消费者定制个性化的信息内容和服务。

7.2.2 抖音短视频用户生成内容交互案例分析

在外部网络数字技术和内部企业和用户的需求两方面驱动下,以短视频为代表的网络视频产业发展势头迅猛。经过 6 年多的沉淀,短视频产业形成了以抖音、快手两足鼎立,多强并驱争先的平台格局。两大交互平台在内容生产、内容形式、平台质量、用户服务、企业营销等方面优势明显,日活用户过亿,成为名副其实的全民应用。抖音短视频信息交互的实质是,提供平台空间、交互服务、空间管理、运营维护、过程监管、培训支持等,以用户生成内容为主要交互方式,让用户可以在平台自由发挥,可以选择只作为视频接收方,即观看视频用户类型;或者作为视频观看方和生成方,即视频生成用户类型。用户的种类群范围广泛,包括政务组织、各类社会组织及企业、不同层次的个人用户等。随着抖音平台功能逐步完善及影响力显著上升,越来越多的企业意识到抖音短视频用户生成内容交互的作用和意义,选择进驻抖音平台,通过生成短视频的方式与用户进行信息交互。下面具体分析抖音短视频用户生成内容交互模式。

（1）抖音用户生成交互功能

抖音于 2016 年 9 月上线，在充分分析用户需求市场的基础上，将年轻人作为目标用户群开发音乐创意短视频社区平台应用。其专注用户生成内容的制作与分享，用户可以通过简单步骤拍摄短视频，并配以平台软件提供的曲目，制作音乐短视频生成用户作品。抖音拥有强大的用户基础，国内日活跃用户数一路攀升，截至 2020 年 1 月，注册用户数量超过 4 亿，成为最大的用户生成内容和分享平台之一。庞大的用户群有助于企业利用抖音完成获取用户数据、宣传品牌、产品营销以及社交活动。

企业生成内容来源于企业、服务于企业，企业抖音号通过大量的生成内容加强与用户的连接，提高用户的认可度和黏性。抖音平台的音乐使用、道具使用、影集制作、文字玩法、贴纸玩法、特效玩法、合拍玩法、一键卡点、彩蛋功能、话题挑战和抢镜玩法等，使企业短时间即可掌握使用技巧，找到适合自身的制作流程，从而降低企业生成内容的难度和门槛，迅速吸引了大批企业入驻平台。视频时长在 15 至 60 秒，企业可以使用影集功能编辑照片，并可以选择喜欢的配乐、特效、文字、贴纸、滤镜和画质增强等功能来丰富视频作品。此外，平台还提供视频直播和游戏直播功能，满足不同层次的企业需求。用户在抖音平台可以观看视频，也可以生成视频，对视频进行关注、点赞、转发、评论等，企业与用户、用户与用户之间也可以通过私信等形式进行交互。抖音团队根据企业和用户特征推荐个性化视频和挑战，提供视频编辑工具和教程，企业和用户可以向抖音团队提出观看、制作视频的信息反馈。抖音用户生成内容交互模式如图 7.2 所示。

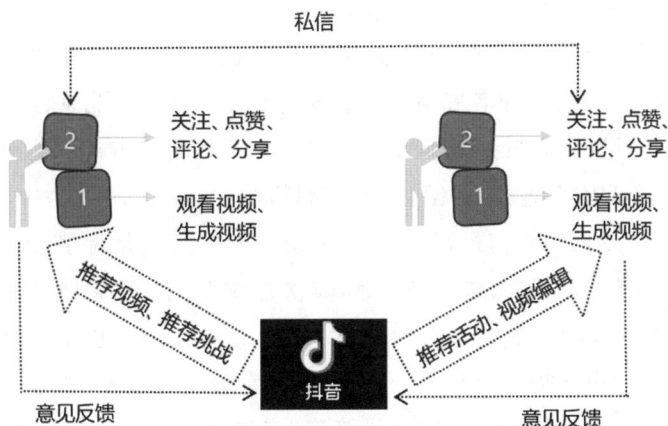

图 7.2　抖音用户生成内容交互模式

（2）生活类用户生成短视频交互

在抖音生成较多的是生活类短视频。企业与用户通过生活类短视频完成交互，投入成本较小，收效却比较高。抖音删繁就简，以制作简单、贴近用户、生动形象、娱乐性强、内容涉及面广等特点被大量企业和用户用来记录生活、表达自我。随着经济的发展，人们生活节奏加快，大众往往没有较多的时间集中观看单一的长视频，短视频刚好满足用户需求，可以在短时间内收看多条所需视频，可选择内容种类丰富，浓缩创意短小精练。用户收看后可以进行点赞、评论、分享、关注等与内容生产者或用户好友等进行信息交互，加强用户链接，形成网络社群。对于短视频制作者来说，通过借助平台不仅让企业或个人生活更有意义、有价值、有趣，而且收获了大量的粉丝和关注者，满足企业的获取用户需求和营销需求，以及个人信息交互的社交需求、被尊重需求和自我实现需求。

生活类短视频更具亲民性，对任何品牌来说，用户生成内容都是强大的营销背景和产业基础，用户生成内容反映品牌影响力和产品质量。抖音正是基于这种考虑为企业和用户提供尽可能的便利，充分挖掘企业和用户的需求，提供展现平台和个性化定制的生活类生成内容服务。2019年，有46万个家庭选择抖音拍摄全家福，相关视频被播放27.9亿次，被点赞1亿次；生成308万支亲子视频，记录孩子成长的点点滴滴；有176万次新生入学，18万次人生高考，38万次毕业典礼，709万人的婚礼瞬间……每一刻值得纪念的人生瞬间、每一幅值得留下的生活画面，在抖音每个人都可以直抒己见、畅所欲言地表达自己，分享生活。抖音用户群年龄层次基本涵盖了互联网用户群，集中于"60后"到"00后"，其中"60后"爱拍舞蹈、爱看婚礼；"70后"爱拍美食、爱看手工；"80后"爱拍亲子、爱看风景；"90后"爱拍风景、爱看生活探店；"00后"爱拍二次元、爱看萌宠。2019年，抖音创作者视频平均播放量前五的省市为北京、辽宁、上海、吉林、黑龙江。抖音成为旅游打卡的标配，全年实现国内打卡近7亿次，国际打卡辐及200多个国家及地区；贫困县相关视频被分享3 663万次，拉动贫困山区旅游经济。曼谷是用户们最喜欢打卡的国外城市，其次是首尔、东京、大阪、新加坡等。点赞最高的国内城市是北京，其次是成都、上海、深圳、广州等。除了日常和旅游，抖音成了最大的知识、艺术、非物质文化遗产（以下简称非遗）传播平台，抖音让知识传播更有意义。在抖音，教育边界被打破，学习美食制作、语言教育、学科教育、职业教育、知识科普等生动有趣，不受时空限制。抖音让高雅的艺术具有流行的特性，艺术类视频播放量超过5 431亿次，被点赞169亿次。传统博物馆在抖音的平台上重焕活力,故宫博物院、中国国家博物馆、秦始皇兵马俑博物馆成为上榜 TOP3。1 372 个国家非遗项目中,有 93% 在抖音被关注,京剧、咏春拳、黄梅戏、赛龙舟等中华国粹有了新的生命力。

(3)企业营销类用户生成短视频交互

2018 年 4 月,抖音针对企业提出品牌主页产品计划,随后,抖音团队致力于开发抖音企业级智能营销平台,布局抖音 ACI(Dou Ad/抖音商业推广,Dou Content/抖音原生推广,Dou Infinity/抖音互动创新)营销全景,助力企业品牌营销过程,实现对目标用户的数据获取、生成内容的全角度管理评估、提高企业营销视频生成内容的高价值曝光、延伸生成内容创作领域、对用户提供定制信息交互、实现千人千面式投放、提高互动转换等管理系统。2018 年 6 月,抖音正式上线企业认证业务,开启抖音智能企业交互的新领域,截至 2019 年 12 月,抖音企业号覆盖企业数超过 100 万,可以预见,抖音将为企业打造品牌过程营造更全面、更具价值的新方式。

抖音为企业提供简洁的实操流程,使企业能够在短时间内掌握传递企业信息、与用户建立互动的方法。企业可以通过品牌保护、内容产出、定制主页、效果转化、用户互动、高效运营和其他支持等模块全方位完成内容发布、用户信息交互、品牌营销等。此外,抖音提供"DOU +"工具,可以对企业生成交互内容"加热"处理,即将某些重要交互内容推送至"上热门"模块,选择推荐给粉丝或者潜在用户(系统智能投放、自定义定向投放或达人相似粉丝投放)等功能,将生成视频内容精准地投放给更多用户,吸引用户,提高信息交互效果。在用户管理方面,企业通过后台信息管理,对与企业通过私信交互过的用户,即粉丝或有潜在意向的用户群信息进行标注和分析管理。企业可以通过分析用户状态、联系方式、用户标签、所属地区等对用户进行初步细分。此外,抖音提供便利的用户画像数据分析功能,以日更新的频率对粉丝数据进行汇总呈现。数据内容包括用户性别、年龄、地域分布、机型设备分布、兴趣分布和活跃分布等,帮助企业进行更有针对性的 CRM(用户关系管理),为用户提供定制的产品和服务,"吸粉""转粉",提高企业与用户通过抖音短视频平台交互的效果。抖音企业号交互功能具体内容如图 7.3 所示。

图 7.3 抖音企业号交互功能

　　企业类短视频在吸收泛娱乐化的生活类短视频用户生成内容运作经验基础上，探索一种全新的企业信息交互模式，让企业短视频从有趣到有用，真正服务于企业和用户。根据《2019 版抖音企业蓝 V 白皮书》数据显示，抖音典型认证企业包括手机行业、汽车行业、食品饮料、游戏行业、网络服务、服装配饰、餐饮服务、家居建材、零售行业和教育行业等。鉴于本研究主要针对大型工业制造企业，故选取典型行业中的汽车行业进行分析。在报告提供的汽车行业抖音企业号活跃指数排名中，"宝马中国"以 1 043.10 的活跃指数稳居榜首。截至 2020 年 3 月，"宝马中国"企业号拥有 167.9 万粉丝，获赞 1 053.7 万次，发布作品 344 个，主要宣传车型 33 类。同比截至 2020 年 3 月宝马中国官方微博"宝马中国"数据显示，该账号拥有粉丝 134 万，发布微博 7 987 条。由此可见，"宝马中国"在抖音平台的用户数量已超过微博账号，成为新的用户获取渠道。

　　目前，企业与用户信息交互呈现"两微一抖"，即"微博＋微信＋抖音"的局面。在微博平台，企业号作为消息通知、内容发布的平台，提供点赞、评论、转发等交互功能；在微信平台，企业号通过推送语音、视频以及图片文字实现定向推送，主要是点对点、个人对账号的传播和单向互动；而在抖音平台，通过短视频音画同传的方式提高故事性和画面感，能够直接冲击用户多重感官，带来较高的用户体验。此外，投稿、话题等互动方式也让用户有了更多的参与感和认同感、场景感和带入感，实现了更多的信息交互情感互动。同时，短视频时长短，流量占用少，优质有趣的内容被迅速传播，便于聚集用户。企业短视频具备内容优势、数量优势、用户基础优势和传播优势，为企业品牌推广、企业信息宣传、用户信息交互、潜在用户挖掘等方面发挥了强大的功能。企业号运用短视频对企业信息进行生动形象的解读，并在运营中不断调整持续发展，形成了独特的企业形象和影响力，构建了有同样价值体系的用户交互社群。

7.3　"智能+"的交互模式及案例

7.3.1　"智能+"交互模式

新媒体环境下的"智能+"交互模式是指在信息交互过程中，交互技术对整个信息交互生态链起到关键作用，通过分析信息技术的功能和对信息生态系统的作用有助于完善交互模式，促进交互生态链平衡发展。随着数字经济的崛起，我国已经步入"智能+"和全媒体的新时代，"智能+"的交互技术引领新媒体环境下企业与用户信息交互的新篇章。"智能+"是在"互联网+"的基础上提出的更智能的网络、机器和交互平台，企业可以借助"智能+"打造智慧政务、智慧生产、智慧城市、智慧医疗、智慧物流、智慧教育等智能经济发展模式和信息生态建设。人工智能是推动互联网经济和产业数字转型升级的攻坚力量，坚持以人为本，以用户为核心，基于"智能+"技术，如大数据、云计算、物联网、人工智能等完善信息生态系统，优化产业结构，促进社会、经济、信息、文化等高效和谐运转。"智能+"交互主要应用于公共治理、生产供给、生活消费等领域。其是一种能全面提升政务决策智能化，助推产业转型升级，引领社会消费水平升级，优化组织机构、行业企业的信息生态系统。未来的企业只有两种类型：一种具备人工智能，一种无法获取利润。因此，企业在配备相应的"智能+"技术基础上应挖掘信息交互市场，提前做好技术布局。"智能+"交互在各个领域中的实现和应用如图 7.4 所示。

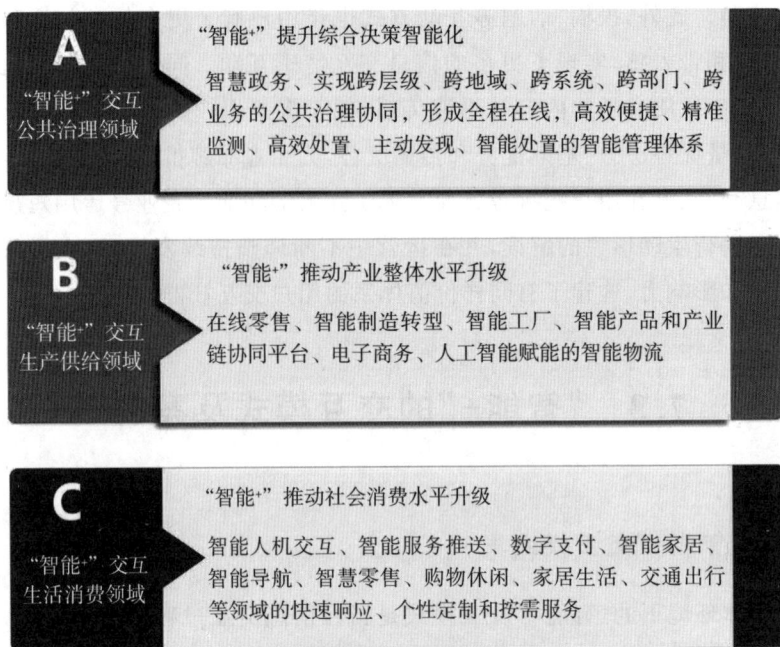

A "智能+"交互 公共治理领域	"智能+"提升综合决策智能化 智慧政务、实现跨层级、跨地域、跨系统、跨部门、跨业务的公共治理协同，形成全程在线、高效便捷、精准监测、高效处置、主动发现、智能处置的智能管理体系
B "智能+"交互 生产供给领域	"智能+"推动产业整体水平升级 在线零售、智能制造转型、智能工厂、智能产品和产业链协同平台、电子商务、人工智能赋能的智能物流
C "智能+"交互 生活消费领域	"智能+"推动社会消费水平升级 智能人机交互、智能服务推送、数字支付、智能家居、智能导航、智慧零售、购物休闲、家居生活、交通出行等领域的快速响应、个性定制和按需服务

图 7.4 "智能+"交互在各个领域中的应用

7.3.2 百度"智能+"交互案例分析

百度是中国最大的信息知识服务提供商，是全球最大的中文搜索引擎。百度拥有强大的人工智能技术研发团队，与谷歌（Google）、微软（Microsoft）、脸书（Facebook）并称世界 AI 领域四强。百度专注于为企业提供智能化的信息交互解决方案，2016 年 9 月推出了百度大脑 AI 开放平台，开启"智能+"交互领域新纪元，用科技揭示复杂世界的规律。百度大脑是一种人工智能交互技术，核心技术包括算法、计算能力和数据能力。算法包括模拟人的神经元组成的网络，有千亿级的样本特征和万亿级的参数规模；计算能力超群，相当于数十万台服务器的计算水平；数据量庞大且分析能力极强，为百度大脑"智能+"交互提供了可能。2016 年，百度大脑研发团队推出 1.0 版 AI 交互平台，完善基本功能模块和初步开放核心技术应用；2017 年，百度大脑推出 2.0 版 AI 交互平台，全面优化了技术体系，开放 60 多项 AI 核心技术功能；2018 年，百度大脑推出 3.0 版 AI 交互平台，破解核心技术"多模态环境下的深度语义理解"，开放 110 余项 AI 核心技术能力；2019 年，百度大脑开放多达 200 余项 AI 核心技术能力。百度用高频率推陈出新的"智能+"信息技术助力企业完善与用户的信息交互,全面提升企业科技竞争优势。

(1)百度大脑"智能+"交互平台

百度大脑的智能化体现在拥有丰富的开发平台,打造定制化的 AI 能力。例如飞桨(PaddlePaddle),一款在产业实践基础上开发的开源深度学习平台,能够同时支持动态图和静态图,保证识别的灵活性和精准度。其可以应用于高尔夫球场遥感监测、耕地地块识别、林业虫情监测、用户身份识别、深度学习质检等场景。又如智能对话定制与服务平台(Understanding and Interaction Technology,UNIT),是一款建立在对话识别和对话管理基础上的智能交互平台。是一种具有根据用户需求快速定制对话,提升对话效果,开源管理帮助开发者深度定制对话的系统。其可以应用于在线客服、智能助手、服务机器人、语音家教系统、车机系统、地图导航、智能音箱、语音交互电视盒和全屋智能集成等场景。再如智能创作平台,一款基于自然语言处理技术和知识图谱分析技术提供自动创作、辅助创作和多模态创作的交互平台,如智能春联、智能作诗、结构化写作等。其还可以进行辅助创作,如热点发现、热词分析、事件脉络、文本纠错、用词润色、自动摘要、文本审核、文章分析、文章标签和标题生成等。其可应用于新媒体内容创作、行业报告和咨询机构、市场营销等场景。AI 交互平台智能创作春联如图 7.5 所示。

图 7.5　百度大脑 AI 智能作诗

(2)百度大脑"智能+"交互应用

百度大脑"智能+"交互应用场景广泛,涉及各个领域,包括智能工业、智能企业管理、智能零售、智能服务业、智能教育、智能医疗、智能农业等社会民生的方方面面。在智能工业领域,通过人脸识别技术(Face Recognition Technology)、飞桨技术、图像处理技术(Image Processing Technology)、定制化图像识别(EasyDL)技术等,为工厂管理提供全方位的解决方案。如车间生产管理、产品质量检测、仓储库存管理、园区智能监控、供应链管理、自动驾驶、AR汽车展示等。科技提供"智能+"交互解决方案,大幅降低企业成本,全面提升工业企业精益化管理水平和效率。

越来越多的企业采用百度智能交互方案,实现企业节能、降本、增效,并以此为契机提升企业新媒体应用水平,加快企业数字化进程,推动企业升级转型和可持续发展。例如,首钢集团采用的百度智能自动驾驶解决方案,完成园区路面清扫,快递取件、派件,信息录入、处理等工作,减少人员投入成本,提高工作效率和质量,解决了大面积园区清扫难、清扫慢的问题。柳州源创采用的定制化图像识别技术判断产品是否合格,通过反复训练,让机器能够精准识别合格样品和瑕疵品,降低了通过人工确认的误差率和成本,为企业带来了可观的收益。易车采用的AR汽车展示技术,可以为用户提供360度高清全景看车体验。用户可以在短时间内通过易车平台学习AR看车技巧,在感受汽车外观的同时可以更换车身颜色,在感受汽车内饰的时候,得到的是一幅AR全景,可以观看后排中间、驾驶位、副驾驶位,并可以根据需要切换角度、放大细节,还可以选择佩戴VR眼镜,将得到逼真的临场感。结合本研究第4章汽车企业在新媒体环境下与用户信息交互的特征研究,在此选择大众高端车型途锐2.0TSI锐翼版AR高清全景看车,展示百度大脑AR看车超现实临场感,如图7.6所示。

图7.6 百度大脑AR看车

7.4 "线上+线下"的交互模式及案例

7.4.1 "线上+线下"交互模式

新媒体环境下的"线上+线下"交互模式是指在信息交互过程中,交互环境对整个信息交互生态链起到关键作用,通过分析信息环境对信息生态系统的影响,有助于完善交互模式,促进交互生态链平衡发展。信息环境包括内部环境,如信息网络、信息系统、信息技术、信息资源、信息安全等,以及外部环境,如经济环境、社会环境、法律政策、文化观念等。新媒体环境下,企业在顺应外部政策、科技水平、社会人文、自然条件等基础上根据发展需要创设与企业远景一致的交互环境,以促进企业信息交互健康发展。企业应用各类新媒体平台在"线上"与用户进行信息交互,同时作为补充,在"线下"组织各种形式的交互活动,完善"线上"交互的不足,满足各个层面的用户需求,提高信息交互效果。

7.4.2 海尔"线上+线下"交互案例分析

1984 年海尔集团在青岛成立,作为我国较早的家电制造企业,海尔不断在产品和服务上革新,目前已成为我国乃至世界范围的一线品牌提供方。其是一个实现了从传统家电到智能家电,从单纯性制造企业到致力于为社会打造更多创客结构的平台。海尔关注信息交互平台建设,从"线下"到"线上",从实体到电商,营造多重交互渠道,多种交互环境,以适应不同层次的用户需求。海尔借助互联网渠道,成为"互联网+""智能+"的交互先驱,打破了传统制造企业单纯关注产品科技水平的狭隘格局,让企业成为互联网的关键节点,与用户形成强链接,沟通各方资源,扩增交互效果和影响力,释放潜在用户需求,形成多方共创、多方共赢的企业信息交互生态体系。

海尔有一套完善的企业文化和核心价值体系——永远以用户为是,以自己为非的创造用户的动力;秉承创业、创新的持续发展理念;以人单合一为标准的双赢利益准则;实现价值共创、誉满世界的企业追求;统领人单合一,运筹帷幄、决胜千里的企业作风。坚持以客户为导向的营销策略,把握企业价值观,以用户为中心,重交流,解决用户抱怨,消灭用户痛点。满足顾客需求,将顾客价值作为企业经营出发点。依托各类新媒体平台打造全新的信息交互模式,用互联网思维提高了企业在行业中的竞争力。海尔通过传播层面——口碑思维、销售层面——互动思维、业务层面——迭代思维等逐步构建了强大的大数据环境下的互联网思维,增强与用户各个层面的信息交互。

(1)海尔"线上"交互模式

企业与用户交互的目的是找到两者的结合点,即找到用户的需求、用户的兴趣,可以与用户对话。"线上"信息交互模式的演变也是一路风景,从最早的微博,到现在的微信公众号、微信小程序、社区、海尔智家 APP,以优酷、今日头条和当下流行的抖音为代表的视频平台,形式应有尽有。

通过分析各个平台的用户数据,得出用户需求、使用习惯、消费趋势等,再将数据分析结果用于支持企业决策。在网络化战略下,海尔生态圈的创客与用户实施全流程交互——无交互不海尔,无数据不营销。数据的核心是人,数据采集的核心是链接,数据挖掘的核心是预测,数据应用的核心是场景。通过对微博内容及评论信息等做语义分析,筛选出核心客户、潜在客户,并进行二次、三次交互。2013—2015 年,正是通过这样的方式,海尔与用户群体进行多次交互,获得了用户对产品设计的建议。用户针对产品设计出 2D、3D 图纸,提出了免清洗洗衣机概念;同时在过程中也发现有效交互带来了大量的用户复购,为企业发展注入了更多的活力。2017 年开始,随着用户交互习惯从微博到微信的转变,企业随即减少微博的交互占比,将重心逐步转向微信。

手机使用便捷,功能强大,"手媒体"时代已经改变了我们的生活。而微信是近年来使用较多的社交软件,海尔成立微信公众账号,尝试新平台下的交互模式。随着使用过程的推进,海尔发现大而化之的微信公众账号远远无法满足用户的各种细分需求,于是将用户按照相同的兴趣点、趋向化的生活场景分类,建立微信社群。在同一社群中,完成"有温度的交互",注重企业与用户的情感联结。如在一个由年轻的妈妈组成的社群中,讨论如何使用洗衣机能够洗净婴儿衣服上的奶渍,怎样让洗衣机识别衣服上比较脏的位置等。通过企业与用户、用户与用户之间的交互,将企业打造成一个更有情怀的企业,提高用户忠诚度。此外,企业开发微信小程序,充分利用小程序流量小、使用方便等特性,开辟新的交互空间,满足不同用户的需求,以提高交互效率。

物联网生态圈不是简单的硬件使用,而是应该结合交互模式所做的相应调整。以洗衣机为例,包括消费推荐,如使用与服装面料相符的洗衣液来清洗衣物;分析用户洗衣时使用自来水的相关数据,给出匹配洗衣液类型选择;用户在手机上下载产品使用 App,手机与洗衣机捆绑形成强大的交互工具——"网器",洗衣机使用过程中发生洗衣液投放过多、洗衣机停止制动等故障时,手机都会提示用户及时处理。通过简单的交互解决使用难题,提高用户对产品的认同和使用满意度。

(2)海尔"线下"交互模式

海尔的信息交互是一套完整的体系,不仅考虑"线上"虚拟空间效应,而且结合丰富的"线下"实体体验活动,因为深层次的用户需求最终需要结合"线下"的各种活动以完成高效率交互。

海尔的线下活动也同样丰富多彩,其中以沙龙和同城会为主要代表。以同城会为例,会员包括普通用户和高校学生。将高校学生作为独立的组成是因为他们思维发散,有领先的消费意识。高校内有很多洗衣房,如"社区洗"。传统洗衣使用投币支付,比较麻烦,有时到了洗衣房需要等待一段时间才可以洗衣。而现在,可以使用 App 关注洗衣房状态,预约洗衣机,避免等待时间;可以使用微信、支付宝等电子支付,避免找零、现金不足的麻烦,深受高校学生的欢迎。我国目前大约有 4 000 万大学生,这是一个庞大的市场,这些高校学生也是我们可以深挖的客户。他们是一个年轻、个性、有主见的群体,他们的使用习惯也会带入他们的家庭。海尔沙龙是一个为具有相同理念和设想的用户提供的"线下"交互平台。用户可以针对产品或服务的创新、海尔社区建设、未来发展等提出建议并讨论,推动企业持续发展。同城会,顾名思义是为同一座城市的用户提供的"线下"交互平台,通过组织各种有意义的活动来增进用户之间的沟通,补充"线上"交互的不足,实现企业利用新媒体与用户进行全角度信息交互。

7.5　三种模式对比分析

抖音短视频充分了解用户需求,对市场定位准确,贴近用户,让每一位用户成为自媒体,在抖音平台展现美好生活。充分发挥信息人的作用,内容生产涉及面广泛,快速聚拢用户群体,日活用户数量居短视频市场第一阵营。拥有庞大的用户种类群,细分为信息生产者、信息传递者、信息分解者、信息消费者,在不同的情境下,用户以一种或多种功能出现,不断生成更多的融合型信息内容。不断调整内容生产、内容组织、内容传播、内容消费环节控制措施,完善信息人交互模式,促进短视频信息生态系统健康发展。通过构建平台功能模块,为不同类型用户提供信息使用空间,通过与相关机构合作扩增平台用户,包括新闻平台、体育报道、企业官方发布、"大V"及普通用户的信息生成等。企业抖音号使用抖音平台开展企业品牌宣传和产品营销,让企业通过生成热点性内容(hotspot)、标签性内容(hashtag)和广告性内容(headline)完成与用户的信息交互。企业号短视频通过数据指导短视频的运营和传播,制作高质量的短视频内容,通过运营过程短视频收看、关注、转发、评论等数据调整生成内容和交互策略,找到与用户信息交互的规律,让优质的内容题材发挥最佳的交互效果。适用企业场景包括能提供平台建设和管理,有明确的目标用户,完善用户内容生成体系,有简便易操作的内容生成渠道。对用户生成内容有必要的审核和监督,促使信息交互满足用户需求、可持续平衡发展。

百度不断致力于交互技术的研发,近些年出台的百度大脑AI开放平台不仅突破了技术瓶颈,而且实现了产业应用。百度AI是人工智能行业先驱,实现了智能工业、智能服务、智能农业、智能教育等多个领域的产业应用。在语音技术、图像技术、文字识别、视频技术、知识图谱、人脸与人体识别等方面开发出了多款实用高效、适应多重场景的产品。此外,百度大脑AI开放平台还提供生态合作计划,挖掘交互技术需求和合作伙伴,为企业下一轮技术革新寻求突破点和蓄积能量。"智能+"交互模式由技术主导,交互效果很大程度取决于交互技术水平,需要与应用场景适配才能最大化地发挥作用。"智能+"信息交互模式是未来交互的趋势,其作用和影响随着技术的推进被逐渐放大。适用企业场景包括对"智能+"与交互的结合点有敏锐的判断和前瞻性,能在技术和实用性方面找到精准的切入点,既能对当下智能技术有纯熟的应用,也能对未来趋势有良好的预期和研发投入。

海尔面临互联网、大数据、物联网和云计算技术包围的当下,企业发展最有力的工具便是信息技术,因此,企业的数字化转型成为新一轮市场竞争的关键点。海尔与时偕行,始终以用户为中心探索适合企业发展的信息交互模式;结合"线上+线下"的交互模式,从用户角度出发,海尔提出了"人单合一"的双赢概念,成为成功的行业先驱。在海尔,产品不是"工厂"生产的,而是企业与用户信息交互的成果。挖掘用户需求、收集用户数据、分析用户需求、消灭用户痛点,将企业与用户信息交互的结论带入产品研发设计、生产、销售领域,再由用户对产品进行反馈和二次开发,永远站在用户的角度不断推陈出新。海尔用开放平台的方式聚集用户、模块商和工厂等要素,这种交互逻辑值得家电行业甚至其他行业学习。"线上+线下"交互模式由交互环境主导,交互效果很大程度取决于交互环境,关注各类新媒体平台信息交互过程的服务质量。"线下"交互作为"线上"交互的有益补充,作为"线上"交互服务的延伸。适用企业场景包括提供全角度信息交互,满足用户不同环境下的信息需求,对各类新媒体平台有较好的应用,对用户进行细分,策划用户社群"线下"交互活动,对"线上"交互进行强化和补充。

三种信息交互模式体现了企业的信息交互服务意识较强,企业对新媒体的应用水平较高,积极发挥企业信息交互的"强项",优化与用户的信息交互过程,提高信息交互效果,提高用户信息服务满意度。在用户生成内容交互模式下,用户是主导,交互过程很大程度取决于用户水平,需要对用户进行监督和引导,保证交互过程的合规和优质。内容的形式、质量等决定交互效果,交互场景包括关注、发送私信、点赞等。在"智能+"交互模式下,信息技术是主导,交互过程取决于信息技术展现形式,需要将通信技术、交互技术、网络技术、人工智能技术、数据分析技术恰如其分地融入产业应用,将人工智能最优化。主要交互场景包括自动语音/图像识别、3D 全景呈现等。在信息环境交互模式下,企业和用户面对的外部、内部环境是影响交互过程的主要因素,需要根据企业发展适应外部环境,调整内部环境,营造保障交互,促进企业信息生态平衡发展的综合环境。主要交互场景为"线上"的关注、点赞、转发、评论,"线下"以企业与用户之间的点对点交互形式组成。三种模式具体对比分析如表 7.1 所示。

表 7.1　三种模式对比分析

模式	特点	交互工具	交互场景	适用场合
用户生成内容交互模式	内容主导交互(形式、质量、创意、热度)	抖音、快手、斗鱼	关注、私信、点赞、分享、话题发起/参与	品牌宣传 产品营销 获取用户
"智能+"交互模式	技术主导交互(人工智能、区块链、大数据、物联网、虚拟现实、云计算、机器学习)	百度 AI/AR 亚马逊 AWS 智能体验 谷歌 AI 沃尔玛 VR 小米超级智慧家 京东 AI 开放平台	自动语音识别 自动图像识别 3D 全景呈现 虚拟场景智能模拟	教育培训 建筑领域 电子商务 房地产、传媒 办公、广告、游戏 医疗防疫

续表

模式	特点	交互工具	交互场景	适用场合
"线上＋线下"交互模式	环境决定交互（"线上""线下"）	海尔"线上＋线下"社区 学而思"网络＋线下"课堂 "线上"网店＋"线下"体验店	关注、点赞 转发、评论 沙龙、同城会、线下点对点交互、实体交互	产品宣传 用户体验 教育培训 电子商务

7.6 本章小结

本章分析了用户生成内容交互模式、"智能＋"交互模式和"线上＋线下"交互模式,结合典型企业信息交互模式案例进行特点分析和对比分析,找出不同信息生态位的交互模式的特点和优势。本章以案例形式分析信息生态位作用机制,与第4—7章相呼应,为第8章新媒体环境下企业与用户信息交互引导对策提供理论支撑。

本章的研究工作和结论主要有以下五个方面。

(1)本章基于信息生态位理论,提出信息人、信息技术和信息环境三个因子在信息交互过程中起关键作用时的交互模式,具体表现为用户生成内容交互模式、"智能＋"交互模式和"线上＋线下"交互模式。对提出的三种交互模式的概念进行阐述,对不同模式下信息交互的过程进行分析,总结每种模式的特点和作用。

(2)分析抖音短视频用户生成内容交互模式,包括抖音用户生成交互功能、生活类用户生成短视频交互、企业营销类用户生成短视频交互。研究发现,抖音短视频主要关注用户生成内容的交互,为企业打造最接近用户的桥梁,通过用户易于接受的方式和内容与用户形成社群结构,成为企业品牌宣传、产品营销、获取用户的优质渠道。企业生成内容来源于企业、服务于企业,抖音企业号通过大量的生成内容加强与用户的联结,用户数量庞大、用户基础牢固,全角度提高用户的认可度和黏性。

(3)分析百度"智能＋"交互模式,包括百度大脑"智能＋"交互平台和百度大脑"智能+"交互应用。百度拥有领先的人工智能技术,以"智能+"为核心进行信息交互,交互平台种类较多,交互应用场景丰富。以"智能+"为主导带动信息人、信息、信息环境的全面发展,促进信息生态系统协调运作,提高交互的效率和效果。

(4)分析海尔"线上+线下"交互模式,包括海尔采取的"线上"交互过程以及"线下"交互关注点。在数字经济和网络化战略下,海尔生态圈采取与用户全流程交互,无交互不海尔,无数据不营销。海尔积极尝试各种"线上"交互方式,收集用户数据,分析用户需求,根据用户需求和建议改进信息服务和产品设计。同时,关注"线下"的交互环节,根据用户兴趣组织各种交互活动,增加用户的认同和黏性。

(5)健康的信息生态是完整和谐的系统,每一种交互模式都是生态因子相互作用的结果,需持有基于生态链的全局观而不能割裂性的单纯关注某一生态因子。在相应的交互模式下,发挥关键要素,协调辅助要素才能充分发挥信息人、信息技术、信息环境的作用。

第8章 新媒体环境下企业与用户信息交互行为引导对策

8.1 企业与用户信息交互行为引导策略问题的提出

企业是推动国民经济发展,促进社会稳定团结的重要力量。在飞速发展的当代社会,企业必须利用信息技术来转型,增强竞争优势,提高企业核心竞争力。从全球范围来看,增长速度较快的企业以科技核心型企业居多,将信息技术思维融入产品研发、生产制造、客户关系管理、供应链管理、人力资源和财务管理等是提高企业综合水平的必由之路。在我国,越来越多的科技型企业涌现并迅速成长,提供互联网数据服务、互联网公共服务、电子商务、网络营销等。用户是企业的服务对象,用户规模、用户服务水平、用户定位等是企业经营战略的重要内容。新媒体是一种便捷、高效、普及度高的交互技术平台,目前被大多数企业引入作为企业内外部信息交互的工具,以提高企业经营效率。然而,新媒体环境下企业与用户进行信息交互的过程中存在着各种问题,成为企业数字经济发展的绊脚石。本章将基于信息生态系统理论分析如何优化企业与用户信息交互流程,以提高企业与用户信息交互的效果,提升用户体验和满意度水平,达到提升企业自主创新能力和综合管理水平的目的。

8.2 基于信息人的企业与用户信息交互行为引导策略

信息人因子是信息系统的关键因子,对信息生态系统平衡发展作用显著。

基于信息人视角探索企业与用户信息交互行为引导策略对优化信息交互行为
有重要意义,下面分别从企业与用户两个角度提出信息交互行为引导策略。

8.2.1　提高新媒体环境下企业信息管理综合水平

信息交互是企业信息行为的重要组成部分,企业的信息管理水平决定了信
息交互水平,优化企业信息交互流程首先要提高新媒体环境下企业信息管理综
合能力。通过将企业的信息管理融入企业创新流程,建立企业信息管理标准化
制度,提高企业员工信息管理水平等方面提高企业的信息化,从而提升企业与
用户的信息交互能力。

(1)将企业信息管理融入企业创新流程

创新是企业发展的动力,创新体现在产品研发、生产制造、流通环节、营销
策略、客户关系管理、人力资源管理、财务管理、企业制度等方面。[①] 体现在产
品上的创新属于有形的创新,体现在制度、思维、理念上的创新属于无形的创
新,而信息化是支持企业创新尤其是无形创新的有力保障。企业发展需要根据
宏观政策条件、社会环境和微观市场变化、行业动态等不断调整企业战略。从
20 世纪 90 年代以来,以美国企业为首,世界各国企业开始实施企业流程重组
再造,以期通过这种企业重构完善企业运作流程。但是,再造过程中必须借助
信息技术,否则再造流程无法进行。

企业开展业务需要开放式的信息系统支持对企业内部、企业外部的信息交
互功能。在企业内部需要有强大的信息交互软件,如企业资源管理信息系统
(system applications and products,SAP)、客户关系管理信息系统(customer
relationship management,CRM)、供应链管理信息系统(supply chain manage-
ment,SCM)、知识管理信息系统(knowledge management,KM)等。通过信息
系统链接企业内部智能,加快信息传递、信息共享、信息组织等过程,提升企业
内部信息透明度,推动企业层级的扁平化,提高企业运营效率。

加快企业与内外部信息交互建设,在开放企业信息的同时,注重企业信息
保护措施,通过交互过程带动企业信息经济的开发。信息化在助力企业创新进
程中提升企业生产力,通过联机信息系统、客户延伸信息系统等可以在线处理
业务,提升交互效果和工作效率。企业信息化优化信息交互的同时加速企业决

---

①　李国秋.企业资源计划与企业流程重组——现代企业信息管理观的变革[J].情报理论与实践,
2002(1):32-34.

策过程,有助于加强企业内部员工知识共享、团队协作,有利于形成企业内部和外部的联盟体系,提升企业品牌综合水平。

(2)建立企业信息管理标准化制度

建立企业信息管理标准化制度来提高企业信息管理水平。2015年国务院办公厅印发的《国家标准化体系建设发展规划(2016—2020年)》中提出企业要建立促进技术进步和适应市场竞争需要的企业标准化工作机制,包括管理制度标准、工作制度标准等。[①] 参考国家标准、行业标准和地方标准建立企业信息管理标准化体系是企业标准化的重要环节,来推动企业信息交互发展进程。对企业信息交互流程的标准文件及相关的信息资料进行有组织、及时系统的搜集、加工、储存、分析、传递和研究,并提供相应的服务。企业信息交互标准化可以通过管理标准、技术标准和服务标准来实施,[②]从管理制度规范、行业技术标准、数据标准等维度构建交互标准指标体系。[③] 企业在参照外部信息标准化制度的同时,也需要完善内部信息标准化制度,促进企业信息交互流程的专业化、规范化、高效化、实用化,提高企业与用户、企业员工之间的信息交互效果。

(3)提高企业员工信息管理水平

企业组织的主体是员工,员工的信息管理水平决定企业的信息管理效果。通过提高员工的信息素养有助于提升企业信息交互效果。通过组织培训和企业拓展活动等形式让员工了解、认同企业信息文化,通过掌握企业信息流程的运作和信息系统的使用。对拥有自有IT部门的大型企业,对新进员工进行相关部门的系统软件培训,并进行考核,保证新员工能够熟练应用信息系统。对其他已经熟悉企业信息流程的员工则根据企业实际需求进行定期访谈,了解他们的使用情况、信息交互的需求和存在的问题。IT部门负责解决员工信息交互过程中存在的问题,并根据使用情况和员工的信息需求进行信息系统的更新处理。对于不具备自有IT部门的其他企业,可以参照上述方式通过外请第三方信息服务提供商进行定期咨询诊断,以提高企业员工的信息素养,提升企业与用户信息交互的效果。

---

① 中国政府网.国务院办公厅关于印发国家标准化体系建设发展规划(2016—2020年)的通知[EB/OL].[2015-12-17].http://www.gov.cn/zhengce/content/2015-12/30/content_10523.htm.

② 何振,周伟.电子政务信息资源共建共享的基石——信息标准化问题分析[J].情报理论与实践,2005(6):41-44.

③ 李晓钢,俞立平.政务信息资源建设的关键要素研究[J].电子政务,2010(1):12-16.

8.2.2　提高新媒体环境下用户信息综合素养

信息素养是一个复合庞杂体系,是关于信息的文化内涵,是对信息的价值理解,对信息技术的综合应用以及对信息的加工创造等。新媒体环境下用户的信息素养是指用户对与信息有关的文化、政策、经济、科技等方面的理解和运用,包括信息获取、信息传递、信息评价、信息利用等方面。提高用户使用新媒体的信息素养包括以下三个方面。

(1)提高用户信息意识

对所接触的信息有敏感度,善于通过各种平台获取信息、理解信息、评价信息、提出个人见解。有学习信息技术、探究新的信息领域的意愿,能够从对信息获取、分享、生产等过程中获得提升和满足感。加深对有关信息文化、政策、经济、科技等方面的知识积累,对各种新媒体平台的功能设置可以应用自如,更好地与企业进行信息交互,满足自身信息需求,提升信息综合素养。

(2)提高用户信息判断力

互联网数字技术不仅提高了信息交互的效率,更扩增了信息交互的内容数量,网络信息呈指数级生长,导致信息辨别难度加大。提高用户从大量信息中评估信息价值和甄别信息真伪的能力,能够在短时间内搜集所需信息,利用这些信息进行交流并解决实际问题。能够有效地使用信息,传达个人的认知和观念,并乐于与他人交互自己的观点和感受。具有基本的科学常识,能够对信息进行确认、查询、评估、整合、重新生成。

(3)提高用户信息创新能力

创新是信息交互持续的动力和永恒的主题。用户是信息的消费者,也是信息的生产者、传递者、分解者。用户对信息的生成和创新能力对信息交互有重要影响。提高用户的信息创新能力,对信息技术的发展抱有“敏而好学,知者不惑”的信念,积极学习新的信息技术、方法、路径、元素,以用户视角优化和完善信息交互流程,提高用户自身的信息素养并最终带动整个信息交互生态的平衡发展。

8.3　基于信息技术的企业对用户服务策略

新媒体环境下企业与用户信息交互的技术包括新媒体技术、计算机技术、通信技术、交互技术、人类信息行为分析技术等。5G 通信和人工智能技术加快了数字经济的发展,提高企业信息技术的能力有助于提高企业的综合管理水平,从而提升对用户的信息交互服务质量。具体来说,可以采取提高企业新媒体应用水平和系统质量以及提高企业综合信息技术服务水平的策略来加强对用户的服务。

8.3.1 提高企业新媒体应用水平和系统质量

(1)提高企业新媒体应用水平

企业采用购买或开发使用新媒体平台与用户进行信息交互。面对新媒体功能种类和展现形式日益复杂多样的当下,企业可以在充分调研分析用户数据的基础上,结合企业运营规划、产品特点、服务模式确定适合且具有特色的新媒体平台定位。如本研究第 4 章实证分析过程中发现上海大众、一汽大众和东风汽车三家企业交互平台的选择范围较广,微博、微信、App 均有涉及,主要目的是为了在多个方面与用户保持良好的互动,满足不同层次、不同环境的用户需求。企业负责新媒体平台运作的部门需要以企业战略规划、经营策略、产品文化、营销理念为前提,充分运用新媒体平台的功能设置,发布企业信息,收集用户需求,为用户提供精准的定制化服务。

充分利用信息技术实施企业"智能+"交互战略。2020 年 2 月 13 日世界经济讨论报告指出,人工智能将重塑世界经济格局,人工智能将是小而智能的经济体弯道超车领先其他组织的首选和最有力工具。[1] 截至 2019 年年底,中国在人工智能的投入位居世界第二。随着"智能+"成为政府工作报告的关键词,国家正在加大人工智能领域的投入,2020—2030 年,我国将重点关注新型信息技术、新媒体平台、"智能+"制造装备、生物医药、新型材料和电动汽车等新兴产业的发展。"智能+"是国家科技战略规划的重点,是企业未来信息交互发展的主流趋势。企业应该提前做好"智能+"发展布局,将大数据、云计算和物联网技术融入企业信息交互领域,选择适合的切入点促进企业产品和服务的提升,加快企业数字化转型的步伐。

---

[1] The world Economic Forum. World order is going to be rocked by AI-this is how[EB/OL]. [2020 – 02 – 13]. https://www.weforum.org/agenda/2020/02/ai-looks-set-to-disrupt-the-established-world-order-here-s-how/.

（2）提高企业新媒体系统质量

提高新媒体系统质量，可以从提高新媒体系统的易用性、响应速度、可靠性等着手。本研究第 5 章实证分析新媒体环境下企业与用户信息交互影响因素发现新媒体的系统质量对企业与用户信息交互产生正向影响。因此，企业可以采取故障掩蔽技术和系统重组技术来防止系统差错，提高系统准确率；根据技术条件和企业需求定期更新系统功能，使系统具备较高的适用性和易用性，更易被理解、学习和使用并吸引用户；增强新媒体的快速反馈能力，提高新媒体交互响应性，使交互反馈及时快速，能够准确高效地与用户进行交互。

8.3.2　提高企业综合信息技术服务水平

（1）提高企业信息交互技术服务基础水平

企业还应该提高计算机技术、通信技术、交互技术、人类信息行为分析技术等综合型信息服务技术水平。提高企业计算机的软件和硬件水平，提高企业内部员工之间知识共享、信息交互，企业外部与用户进行信息交互等过程的效果和效率。在人类迎来 5G 通信技术的今天，更快、容量更大、更稳定的通信方式将助推信息交互过程，使信息交互技术能够在基于高速率数据传输的情况下，支持大容量视频、虚拟现实等交互方式。企业可以通过使用语音识别技术、眼动跟踪技术、触觉刺激技术、仿生技术、人机界面技术、脑波交互技术、虚拟现实技术（VR）、增强现实技术（AR）、人工智能技术等以"人"的感觉为出发点研发新型交互技术，来提高企业数据分析技术，帮助企业更好地了解交互行为。

（2）提高企业信息交互技术服务综合水平

提高企业综合信息技术服务水平，通过应用智能自动交互咨询系统为用户提供全方位、实时的咨询回复，提高在线信息交互的实效性。智能交互系统不受时间、地域的限制，对用户的信息交互采取在线客服和集成智能机器人回复的方式对用户进行全时段在线信息交互。采用自然语言处理分析用户在线信息交互文本内容，通过区块链技术、社会网络分析、数据挖掘和人工智能等技术采集用户在线信息交互行为，挖掘用户的信息交互意图。在智能机器交互模式下，使用自动语义识别技术对用户的在线信息交互文本进行分析，提炼关键词、扩展检索词、生成表达式。通过大数据分析，自动匹配 3～5 个相似咨询问题提供回复。若上述过程没有满足用户需求，则采取人工客服方式进行信息交互，对用户的问题予以解答。

（3）提高企业新媒体定制化服务水平

企业新媒体定制化服务水平是指企业满足用户定制化的信息服务占用户信息需求的百分比。通过前述研究发现，信息交互服务有效性、服务连续性、服务延伸性、服务多样性、服务个性化等是影响企业与用户信息交互的主要因素。因此，企业应该从上述影响因素出发，充分挖掘用户需求，为用户提供能够满足其需求的定制化的信息服务。

采用信息交互人工客服和智能客服相结合的方式，不仅可以减少企业成本，而且可以收集更多的用户信息以完善用户画像。结合新媒体平台的信息交互技术根据具体情况给用户提供文字、语音、视频、虚拟体验等的信息交互服务，以及给用户提供交互前、交互中、交互后的连续性服务。在交互过程前期，企业通过数据分析对用户潜在需求、用户购买意向、用户痛点等进行预测，创建用户的服务计划；在交互过程中，随着对用户实际数据的收集调整用户的服务策略，包括对用户的描述、服务的方式、用户服务跟踪等；当交互过程结束，企业需要定期对用户的交互行为数据进行分析，以便为用户提供延续性的服务。随着通信技术和信息技术的发展，新媒体平台的种类越来越多，用户可以随时在移动端便捷地获取信息，这些信息行为逐渐影响甚至改变用户对信息服务的需求，增加企业对用户需求预测和细分的难度。因此，企业可以通过云计算、自然语言处理、分布式集群架构等，在企业外部对行业企业数据以及企业内部用户潜在需求进行分析，给用户提供个性化服务。

8.4 基于信息环境的企业新媒体消费升级引导策略

新媒体环境下企业与用户信息交互的环境是助推信息交互有序进行，促进信息交互持续发展，提高信息交互效果，提升企业与用户信息交互满意度的保障体系。本节基于信息环境在信息生态系统中的作用机制，提出新媒体环境下企业与用户信息交互消费引导策略。在研究过程中发现，新媒体的宏观政策环境和微观企业环境是影响企业与用户信息交互的主要因素。因此，企业应从信息交互宏观和围观环境的角度出发全面提高信息交互效果，促进新媒体产业消费升级。

8.4.1　引导新媒体宏观环境下的信息消费升级

新一轮技术革命和产业升级蓄势待发,为新媒体行业的深度发展带来了前所未有的机遇和挑战。国家对新媒体产业发展高度重视,习近平总书记对新媒体多次调研、参与讨论、提出指示,强调推动媒体融合向纵深发展,推进网络强国建设。① 国家战略部署为新媒体产业提出了发展方向、建设方法、未来趋势和具体措施,政策的作用和影响力推动新媒体春天的到来。

(1)加强全媒体拉动信息消费升级

我国新媒体发展呈现全程、全员、全息、全效的全媒体格局,打破了呈现条件的时间、空间限制,让新媒体展现更加自由。"智能+"的技术引擎助推新媒体环境下企业与用户信息交互的多重功能和多样态展现方式,从单一的文字交互过渡到音频交互、视频交互,再到短视频、长视频区别展现,直播业态、小程序、游戏新闻以及正在走向产业化的区块链、虚拟现实等。通过多层次互动、超现实临场感、沉浸式用户体验来提高信息交互效果,开发出全新的用户交互需求,开启信息消费新领域。网络和数字技术让交互更加便利,用户群类涵盖各个年龄段、多个区域,显现出全社会皆可交互的新局面,巩固企业的用户基础,推动信息消费向着多元化、智能化、定制化、效率化的方向发展。

(2)加强行业监管保障信息消费升级

新媒体环境下的企业与用户信息交互离不开行业监管保障体制。推动新媒体立法,促进新媒体运作有法可依。构建新媒体监管体系,明确新媒体监管制度,提高新媒体企业和用户的法律意识。2008 年起,我国开始通过颁布行政法规对互联网视听产业实施全面管理,提出加快互联网视听行业健康发展的 29 条管理规定,指出国务院广播电影电视主管部门负责互联网视听节目的发展、管理、监督和建设,同时国务院信息产业主管部门对互联网视听节目产业规划、发展方向、内容监督等实施相应的管理和协调。② 2016 年 11 月 7 日国家颁布《中华人民共和国网络安全法》,保障国家网络安全、社会公民、企业和组织的

---

① 新华网.习近平:推动媒体融合向纵深发展 巩固全党全国人民共同思想基础[EB/OL].[2019 - 01 - 25].http://www.xinhuanet.com/politics/leaders/2019 - 01/25/c_1124044208.htm.

② 中国政府网.国家广播电影电视总局中华人民共和国信息产业部令[EB/OL].[2007 - 12 - 29].http://www.gov.cn/ziliao/flfg/2007 - 12/29/content_847230.htm.

合法权益,促进社会、经济、信息技术的良性发展。[①] 此外,国家广播电视总局通过颁布准入制度相关管理办法,规范网络视听节目运作流程,为网络视听节目提供资格审查实施准入制度管控流程。2019 年 4 月 1 日,国务院办公厅秘书局发布《关于印发政府网站与政务新媒体检查指标、监管工作年度考核指标的通知》,对所有政府网站、办公系统和政务新媒体的交互环节做了详细的监管指标规定。在降低严重信息事故发生、改善互动交流过程、创新交互功能设计、推动信息发布、提高信息服务等方面收效显著。[②] 通过政策立法、行业监管、企业自查等方式规范了新媒体信息交互的流程,保障新媒体信息交互的有序进行,为提升新媒体环境下企业与用户信息消费转型升级提供了根本的配套保障。

(3)加大资金投入刺激信息消费升级

新媒体环境下的企业与用户信息交互离不开信息技术的支持和配套设施的建设,然而,这些都需要投入大量资金。我国新媒体产业对标国际发达国家,相对落后的不足之处也正是需要加大资金投入来完善的地方。中国移动 2020 年计划投资千亿元用于 5G 商用项目,实现地级以上城市规模的商用 5G 新业态,全面刺激信息消费升级,5G 目标用户净增 7 000 万。加大新媒体环境下企业与用户信息交互核心产业的投资,巩固信息交互基础设施建设,加强信息交互终端配套,完善信息交互智能网络。以投资刺激消费,以消费带动增长,以增长驱使产业升级,优化新媒体环境下企业与用户信息消费结构和转型升级。

8.4.2 引导新媒体微观环境下的信息消费升级

(1)提升用户信息消费观念

随着国民经济和信息技术的发展,人们对信息消费的观念不断更新,追求新技术、追求实效、追求快捷、追求准确、追求个性化的消费思维推动新媒体技术的发展日新月异,带动信息领域消费升级,为企业注入更多的机遇和活力。在信息交互领域,信息消费水平从商用到家用持续上升,形成了巨大的信息经济发展空间。用户的信息消费观念决定信息消费行为,引导新媒体微观环境下

---

① 中国政府网.中华人民共和国网络安全法[EB/OL].[2016-11-07].http://www.gov.cn/xinwen/2016-11/07/content_5129723.htm.

② 中国政府网.国务院办公厅秘书局关于印发政府网站与政务新媒体检查指标、监管工作年度考核指标的通知[EB/OL].[2019-04-01].http://www.gov.cn/zhengce/content/2019-04/18/content_5384134.htm.

的信息消费升级首先从改变用户的信息消费观念着手。

(2)加快信息消费产业建设

加快信息消费产业建设,引导新媒体环境下企业与用户信息交互微观层面信息消费升级转型。在通信交互消费领域,基于 5G 通信技术加强通信设施建设,加快 5G 微基站的研发和技术实验工作。依托信息技术推动智能家庭网络、智能安防设施、终端交互设施、数字电视网络等行业发展。推广智能消费终端尤其是非接触式智能消费终端的应用,加快 8K 分辨率信息技术普及应用,发掘潜在的信息消费市场,拉动信息消费升级转型。在家电信息交互消费领域,通过交互式家电机器人、智能盒子、远程监控设施等带动家用信息消费转型。在电子产品交互消费领域,重点关注虚拟现实 VR 和增强现实 AR 的发展,这是基于用户体验的技术变革,而消费是用户的基本需求,随着 5G 技术的发展,虚拟现实和增强现实技术会逐渐成为信息交互的主流技术手段。在智慧城市建设方面,通过构建 5G 应用场景,推动"互联网+""智能+"在社会保障、城市建设、文化、教育、交通、养老、医疗等的应用。构建基于大数据、互联网、物联网、云计算的渠道"线上+线下"融合发展的体系。在医疗卫生信息交互领域,通过数据分析、人工智能、云计算等技术对用户健康数据进行分析,提供健康跟踪服务。对社会公共医疗卫生、传染病高发和突发事件等进行全程监测,对交互信息进行识别、分析、溯源,对医疗资源、防控救治等进行高效调配。综上,提高企业综合信息服务水平,拉动信息消费在各个领域的升级转型。

8.5　本章小结

本章基于信息生态理论以及第 4-7 章实证研究的基础上,提出新媒体环境下企业与用户信息交互行为的引导对策。分析了基于信息人的企业与用户信息交互行为引导策略,基于信息技术的企业对用户服务策略和基于信息环境的企业新媒体消费升级引导策略。

本章的研究工作和结论主要有以下三个方面。

(1)基于信息人视角,从企业和用户的角度提出基于信息人的企业与用户信息交互行为引导策略。通过将企业信息管理融入企业创新流程,建立企业信息管理标准化制度,提高企业员工信息管理水平等来提高新媒体环境下企业信息管理综合水平。通过提高用户信息意识,提高用户信息判断力和创新能力来提高用户使用新媒体的综合信息素养。

(2)基于信息技术视角,提出企业对用户的服务策略。通过提高企业新媒体应用水平和新媒体系统质量,提高企业综合信息技术服务水平等方式,建立新媒体环境下企业与用户信息交互的服务策略。促进企业"智能+"创新发展,推动企业数字化转型进程,实现以技术促创新、以创新赢未来的企业格局,全面提升企业信息产品和服务水平。

(3)基于信息环境视角,提出企业新媒体消费升级引导策略。通过加强全媒体拉动信息消费升级,加强行业监管保障信息消费升级,加大资金投入刺激信息消费升级来引导新媒体宏观环境下的信息消费升级。通过提升用户信息消费观念和加快信息消费产业建设来引导新媒体微观环境下的信息消费升级。

第 9 章　研究结论与展望

　　本研究对新媒体环境下企业与用户信息交互的行为规律进行了深入的分析。在理论层面，深化信息生态理论在信息学领域的应用，为企业利用新媒体与用户进行信息交互提供科学方法和理论依据。在实践层面，为企业利用新媒体进行信息交互提供新的视角、实证分析和案例支持。

　　本研究基于信息生态理论，在梳理了国内外相关研究成果的基础上，结合文献分析法、网络爬虫数据分析法、实证分析法、社会网络分析法、案例分析法等分析新媒体环境下企业用户信息交互行为特征和规律。第 3 章分析了新媒体环境下企业与用户信息交互行为机理，从信息交互动机、信息交互过程、信息交互生态要素等方面构建新媒体环境下企业与用户信息交互行为机理系统模型，是全书的理论基础和核心框架。第 4 章到第 6 章基于信息人、信息、信息技术、信息环境实证分析新媒体环境下企业与用户信息交互行为特征、信息交互的影响因素、信息交互效果评价，为第 8 章提供实证基础。第 7 章分析不同交互模式下的企业案例，为第 8 章做铺垫。最后，第 8 章提出新媒体环境下企业与用户信息交互行为引导对策，为本研究实践层面的着力点。

9.1　研究结论

　　本文在第 4、5、6 章进行实证分析，得出关于新媒体环境下企业与用户信息交互行为特征和规律主要有以下三个方面。

　　第一，选取制造型企业中具有代表性的三家汽车生产企业，获取他们的新浪微博数据。数据分析结果表明，从转发与被转发行为来看，一汽大众与东风汽车的企业与用户进行信息交互情况较为突出；从关注与被关注行为来看，一汽大众企业与用户进行信息交互更能通过粉丝的影响力达到多级传播，东风汽车欠缺多级传播，不利于信息扩散；从评论与被评论行为来看，上海大众的用户不易受其他用户的影响,东风汽车的信息交互更强烈;从信息交互行为的凝聚性来看,东风汽车的微博用户与企业进行信息交互的用户相对最少,但凝聚性相对最高。从信息交互词频来看,上汽的微博用户主要关注上汽的汽车文化、汽车对生活质量提高带来的作用,以及汽车的使用度和行驶安全等;一汽的微博用户主要关注一汽汽车的新款车型配置,购买汽车对个人及生活带来的挑战影响;东风汽车的微博用户主要关注东风汽车价格涨幅、汽车的新品及车型设计等方面。

第二,选择新媒体的主要代表用户进行问卷调查,运用探索性因子和结构方程模型,对所构建的概念模型进行验证。数据研究结果表明新媒体信息质量对用户新媒体信息交互满意度有正向影响,用户个体认知对新媒体信息交互满意度有正向影响,新媒体沉浸体验对新媒体信息交互满意度有正向影响,新媒体服务质量对新媒体信息交互满意度有正向影响,新媒体系统质量对新媒体信息交互满意度有正向影响,用户新媒体信息交互满意度对信息交互行为有正向影响。研究发现信息质量、用户个体认知和沉浸体验是影响企业与用户使用新媒体进行信息交互的主要因素。因此,我们应该聚焦于提高交互信息的真实性、可信度、沟通及时、准确可靠,提高用户信息交互过程中的认知水平,为用户提供定制化信息交互,提供及时反馈,提高用户体验。

第三,采用层次分析法与模糊综合评价法构建了新媒体环境下企业与用户信息交互效果评价体系。基于信息生态理论,从信息人、信息、信息环境、信息技术四个要素着手分析信息交互评价过程。基于信息人构建了信息交互安全性、信息交互参与性2个一级指标,基于信息构建了信息交互有用性、信息交互易用性2个一级指标,基于信息环境构建了信息交互服务性1个一级指标,基于信息技术构建了新媒体平台1个一级指标。从一级指标权重得分来看,信息交互参与性、信息交互有用性、信息交互易用性是评价信息交互效果的主要一级指标。从二级指标权重得分来看,互动平台、信息内容真实性、用户使用参数是主要二级指标。研究通过信息生态理论推动新媒体环境下企业与用户信息交互过程。

9.2 研究创新点

本研究的创新点主要有以下三个方面。

（1）提出新媒体环境下企业与用户信息交互行为特征分析方法

本研究采用社会网络和语义分析方法，结合汽车行业的三个代表性企业，用点度中心性、中介中心性、接近中心性和特征向量中心性指标分析企业与用户信息交互的转发与被转发行为、关注与被关注行为、评论与被评论行为和互动凝聚性，用语义关键词词频分析信息互动词频。通过五个特征属性指标呈现新媒体环境下企业与用户进行信息交互的行为特征。构建的新媒体环境下企业与用户信息交互行为特征模型可以作为企业与用户进行信息交互分析的研究框架，数据分析结果表明新媒体助推企业与用户之间的信息交互，企业通过新媒体了解用户信息行为特征，为用户提供更好的服务，从而提升企业的品牌影响力和核心竞争优势。研究证明了社会网络分析和语义分析方法可以为新媒体环境下企业与用户信息交互行为研究提供一定的方法支撑。

（2）提出新媒体环境下企业与用户信息交互影响因素分析方法

本研究基于信息生态系统理论和信息系统成功模型，构建了新媒体环境下企业与用户信息交互意愿影响因素模型。实施问卷调查并对数据进行分析，通过结构方程验证模型是否有效。分析结果表明，用户的个体认知、新媒体沉浸体验、新媒体的系统质量、新媒体的信息质量、新媒体的服务质量正向影响用户新媒体信息交互满意度，且用户新媒体信息交互满意度正向影响信息交互行为。本研究可以帮助企业优化新媒体环境下与用户的信息交互过程，整合企业新媒体平台资源，促进企业利用新媒体平台增进与用户的互动，提高用户的信息交互满意度。同时，基于实证研究为新媒体环境下企业与用户信息交互影响因素分析提供新的思路和方法。

（3）提出新媒体环境下企业与用户信息交互效果评价方法

本研究在信息生态理论的支撑下，基于信息因子、信息人因子、信息技术因子和信息环境因子视角，提出从安全性、参与性、有用性、易用性、新媒体平台和服务性 6 个方面构建新媒体环境下企业与用户信息交互效果评价指标体系。利用层次分析法与模糊综合评价法构建了新媒体环境下企业与用户信息交互效果生态性评价体系，为避免单纯使用层次分析法可能导致的主观性，采取层次分析法结合熵值法的最优赋权模型，提高指标体系的科学性和可操作性。通过典型的新媒体平台进行实证研究，得出企业与用户信息交互模糊综合评价结果，验证评价指标体系的实用性。本研究可以帮助企业完善新媒体的交互功能，对新媒体平台健康发展起到一定的指导作用，为新媒体环境下企业与用户信息交互效果评价提供基于实证的研究方法。

9.3　研究局限及展望

　　本研究存在如下局限性。首先,本研究仅以"上海大众""一汽大众""东风汽车"的新浪微博为数据来源,研究的样本数据相对较少,未能全面反映企业的信息交互特征。其次,本研究在进行信息交互影响因素问卷调查时,只研究了调查对象的年龄和学历,没有对调查对象所处的行业和地区等进行分类研究,可能导致分析结果的针对性降低。再次,本研究在进行信息交互效果评价时,在研究对象的选择上具有一定的主观性,没有采取问卷调查等方式对研究对象进行筛选。最后,参与评价的专家人数仅有 5 位,数据量较少。另外,本研究没有进一步分析不同因素对企业与用户信息交互的影响程度。

　　在未来的研究中,本研究将从以下几个方面进行改进。首先,在后续研究中,本研究将收集更多的行业样本数据,并拓展新媒体分析的类型,以对新媒体环境下企业与用户信息行为的研究提供更好的研究框架和方法支撑。其次,将对研究对象再细分,得出新媒体环境下不同行业、不同地区的用户与企业进行信息交互的意愿影响因素,并进行对比分析,为企业与用户提出不同的信息交互对策。最后,将对研究对象采取量化确定方式,增加研究对象的客观性。适当增加专家人数,避免由于专家主观意见引起的数据偏差。并对信息人、信息、信息技术和信息环境因子对新媒体环境下企业与用户信息交互影响因素的程度做进一步探索,使评价体系能够满足更多行业企业的信息交互效果评价。此外,将进一步基于信息生态系统理论,针对"智能+"领域展开信息交互行为、信息交互技术和信息交互融合等方面的研究,探索区块链技术、虚拟现实技术在企业与用户信息交互领域的应用。分析企业与用户在人工智能赋能的社交网络环境下的信息交互行为特征和规律。推动信息交互理论纵深发展的同时在实践层面优化智能媒体环境下企业与用户信息交互过程。

参考文献

[1]王伟敏.新媒体环境下图书馆服务拓展与深化研究[J].图书馆学研究,2013
(17):87－90.

[2]百度百科.新媒体[EB/OL].[2017－09－28].https：//baike.baidu.com/i-
tem/％E6％96％B0％E5％AA％92％E4％BD％93/6206? fr＝aladdin.

[3]冯昭奎.新技术革命对日本经济的影响[J].机械与电子,1986(03):30－32.

[4]新华网.《中国数字经济发展与就业白皮书(2019年)》:各地数字经济发展
成效显著[EB/OL].[2019－04－19].http：//www.xinhuanet.com/com-
ments/2019－05/07/c_1124461585.htm.

[5]搜狐网.《2018中国数字企业白皮书》隆重发布[EB/OL].[2018－12－25].
https：//www.sohu.com/a/284311620_425991.

[6]Gongjun Yan,Wu He,Jiancheng Shen,Chuanyi Tang. A bilingual ap-
proachfor conducting Chinese and English social media sentiment analysis
[J]. Computer Networks,2014(75):491－503.

[7]Raphael Odoom,Thomas Anning-Dorson,George Acheampong. Anteced-
ents of social media usage and performance benefits in small-and medium-
sized enterprises (SMEs)[J]. Journal of Enterprise Information Manage-
ment,2017,3(30):383－399.

[8]孙璐.企业信息交互能力对价值共创及竞争优势的影响研究[D].哈尔滨:
哈尔滨工业大学,2016.

[9]王晰巍,李师萌,王楠阿雪,杨梦晴.新媒体环境下用户信息交互意愿影响因
素与实证——以汽车新媒体为例[J].图书情报工作,2017,61(8):15－24.

[10]郭宇,王晰巍,杨梦晴,李嘉兴.新媒体环境下企业知识共享模式研究——
基于信息生态位视角[J].图书情报工作,2016,60(15):14－20.

[11]高源.新媒体在企业管理中的创新应用[J].企业改革与管理,2016,18(8):
7.

[12]Gao B,Huang L. Understanding interactive user behavior in smart media content service:An integration of TAM and smart service belief factors [J]. Heliyon,2019,5(12):e02983.

[13]王晰巍,韦雅楠,邢云菲,等. 社交网络舆情知识图谱发展动态及趋势研究 [J]. 情报学报,2019,38(12):1329-1338.

[14]Aisopos F,Tserpes K,Kardara M,et al. Information exchange in business collaboration using grid technologies[J]. Identity in the Information Society,2009,2(2):189-204.

[15]Erkan Ö F,Akar M. Cluster consensus in multi-agent networks with mutual information exchange[J]. AI & SOCIETY,2018,33(2):197-205.

[16]Fico G,Martinez-Millana A,Leuteritz J P,et al. User Centered Design to Improve Information Exchange in Diabetes Care Through eHealth[J]. Journal of medical systems,2020,44(1):2.

[17]Lüder A,Schmidt N,Drath R. Standardized information exchange within production system engineering[M]//Multi-Disciplinary Engineering for Cyber-Physical Production Systems. Springer,Cham,2017:235-257.

[18]Pennarola F,Caporarello L,Magni M. Improving Information Exchange Effectiveness Through Data Compression Techniques[M]//Information Systems,Management,Organization and Control. Springer,Cham,2014:229-241.

[19]Yujie G. Intelligent library knowledge innovation service system based on multimedia technology[J]. Personal and Ubiquitous Computing,2019:1-13.

[20]Kim K K,Lee S Y. Effect of User's Personal Characteristics on Sending Behavior of Information and Opinion in Interactive Public Communication Space of CMC[J]. Journalism Science Research,2005,5(3):5-34.

[21]Velasco C A,Mohamad Y,Gilman A S,et al. Universal access to information services—the need for user information and its relationship to device profiles[J]. Universal Access in the Information Society,2004,3(1):88-95.

[22]Leopold H. Social media and corporate innovation management—Eight

rules to form an innovative organisation[J]. e & i Elektrotechnik und Informationstechnik,2019,136(3):241 – 253.

[23]Haythornthwaite C,Wellman B. Work,friendship,and media use for information exchange in a networked organization[J]. Journal of the american society for information science,1998,49(12):1101 – 1114.

[24]Sreenivasan N D,Lee C S,Goh H L. Tweeting the friendly skies:Investigating information exchange among Twitter users about airlines[J]. Program:electronic library and information systems,2012,46(1):21 – 42.

[25]Zheng Y. The Historical Evolution Research of Information Interaction Design[C]//International Conference on Human Interface and the Management of Information. Springer,Cham,2014:678 – 689.

[26]Savolainen R. Pioneering models for information interaction in the context of information seeking and retrieval[J]. Journal of Documentation, 2018,5(74):966 – 986.

[27]Kelly D,Belkin N J. A user modeling system for personalized interaction and tailored retrieval in interactive IR[J]. Proceedings of the American Society for Information Science and Technology,2002,39(1):316 – 325.

[28]Cho K M. XML security model for secure information exchange in e-commerce[C]//International Conference on ComputationalScience and Its Applications. Springer,Berlin,Heidelberg,2006:1003 – 1011.

[29]Banger A K,Alakoye A O,Rizk S C. Supporting multi-state collaboration on privacy and security to foster health IT and health information exchange[C]//AMIA Annual Symposium Proceedings. 2008:871 – 871.

[30]Delgado F,Hilera J R,Ruggia R,et al. Using microdata for international e-Government data exchange:The case of social security domain[J]. Journal of Information Science,2019:0165551519891361.

[31]Backhouse J, Hsu C W, Silva L. Circuits of power in creating de jure standards:shaping an international information systems security standard [J]. MIS quarterly,2006:413 – 438.

[32]Kelton K,Fleischmann K R,Wallace W A. Trust in digital information [J]. Journal of the American Society for Information Science and Tech-

nology,2008,59(3):363 - 374.

[33]肖慧彬.物联网中企业信息交互中间件技术开发研究[D].北京:北方工业大学,2009.

[34]胡永利,孙艳丰,尹宝才.物联网信息感知与交互技术[J].计算机学报,2012,35(6):1147 - 1163.

[35]刘洋.信息交互技术在高校图书馆主页上的应用研究与分析[J].图书情报工作,2015(S1):198 - 201.

[36]文炯.社会网络视角下信息服务互动交流模式研究[J].高校图书馆工作,2014,34(6):61 - 63.

[37]都平平,郭琪,李雨珂,等.基于社交媒体的网络学科信息交互推广服务[J].图书情报工作,2014,58(2):84 - 90.

[38]王硕.基于 Virtools 的 3D 虚拟浏览技术在数字图书馆建设中的应用——以首都师范大学图书馆 3D 图书导航系统为例[J].现代图书情报技术,2011,27(7/8):121 - 126.

[39]邓胜利,张敏.基于用户体验的交互式信息服务模型构建[J].中国图书馆学报,2009,35(1):65 - 70.

[40]程水英.基于 Web2.0 的数字图书馆信息交互功能研究[J].河南图书馆学刊,2011(6):120 - 122.

[41]王莹莉.基于微博的网络社区用户学术信息交互行为研究[D].重庆:西南大学,2013.

[42]姚天泓,陈艳梅.MOOC 社会化信息交互模式下的知识构建研究[J].图书馆学刊,2017,39(9):29 - 34.

[43]张祥泉,过山,周仕参.社区垃圾分类系统信息交互设计研究[J].杭州电子科技大学学报,2017,13(2):54 - 58.

[44]韦艳丽,张懿丹,钱朝阳.信息交互下的政府网站层级模型构建与应用研究[J].艺术与设计（理论）,2017 (1):89 - 91.

[45]秦汉帅.基于用户体验的档案馆 APP 交互设计[J].山西档案,2018,241(5):11 - 13.

[46]于壮.谈基于物联网信息技术的博物馆数字智能交互设计[C]// 融合·创新·发展——数字博物馆推动文化强国建设——2013 年北京数字博物馆研讨会论文集,2013.

[47]邢变变,张文宁.基于信息交互行为的档案自媒体用户情感体验研究[J].档案与建设,2019,361(01):37-40.

[48]陈伟英.微信视角下大学生群体的信息交互行为研究[J].农业图书情报学刊,2015,27(7):115-118.

[49]施亮,鲁耀斌.微博用户行为意向及平台的调节作用研究[J].管理学报,2014,11(2):272-282.

[50]邓小昭.试析因特网用户的信息交互行为[J].情报资料工作,2003(05):26-27,18.

[51]杨文文.基于无意识认知的信息界面交互设计[J].西部皮革,2019(18):52-53.

[52]孙璐,李力,孔英,等.信息交互能力的测度及其对竞争优势的影响研究:基于用户体验的价值共创视角[J].管理工程学报,2018,32(2):67-83.

[53]方玉玲,邓胜利,杨丽娜.信息交互中的用户体验综合评价方法研究[J].信息资源管理学报,2015,5(1):38-43.

[54]新浪科技.微博发布2019年第四季度及全年财报[EB/OL].[2020-2-26].https://tech.sina.com.cn/i/2020-02-26/doc-iimxyqvz6003265.shtml.

[55]马歇尔·麦克卢汉.理解媒介——论人的延伸[J].商务印书馆,2000.

[56]彭兰."新媒体"概念界定的三条线索[J].新闻与传播研究,2016(3):120-125.

[57]毕晓梅.国外新媒体研究溯源[J].国外社会科学,2011(03):115-119.

[58]熊澄宇,吕宇翔,张铮.中国新媒体与传媒改革:1978—2008[J].新华文摘,2010(11):149-152.

[59]季春娣.新媒体环境下档案文化的传播特征与对策研究[J].档案时空,2014(12):6-8.

[60]邵庆海.新媒体定义剖析[J].中国广播,2011(3):63-66.

[61]张茫茫,傅江.基于实体用户界面与自然用户界面结合的产品设计[J].科技导报,2013(Z2):99-102.

[62]Paramonova I E. Information Interactions:The Criteria of the Choice of Communication Channels in a Scientific and Technical Library[J]. Scientific and Technical Information Processing,2019,46(3):181-186.

[63]侯玉.基于信息交互技术的未来功能性服装的设计[J].美与时代（上），2011(12):116 - 118.

[64]马静,李衢.个人知识交互现象及管理学意义[J].理论与探索,2005,28(2):132 - 134.

[65]薛杨.企业微信营销中用户信息行为影响因素及作用关系研究——基于唤起和沉浸的中介作用[D].长春:吉林大学,2017.

[66]邓胜利.信息服务中的交互性研究进展[J].图书与情报,2008,152(05):55 - 58.

[67]Stephan H Haeckel. About the nature and future ofinteractive marketing [J]. Journal of Interactive Marketing,1998:63 - 71.

[68]Jennifer Fleming. Web Navigation:Designing the User Experience[M]. Publisher:O'Reilly,1 edition,1998:35 - 40.

[69]Velasco C,Mohamad Y,Gilman A,et al. Universal access to information services—the need for user information and its relationship to device profiles[J]. Universal Access in the Information Society,2004,3(1):88 - 95.

[70]Debra Revere,Anne M Turner,Ann Madhavan,Neil Rambo,Paul F Bugni,AnnMarie Kimball,Sherrilynne S Fuller. Understanding the information needs of public health practitioners:A literature review to inform design of an interactive digital knowledge management system[J]. Journal of Biomedical Informatics 40,2007:410 - 421.

[71]Rajan Varadarajan,Raji Srinivasan,Gautham Gopal Vadakkepatt,Manjit S. Yadav,Paul A. Pavlou,Sandeep Krishnamurthy,Tom Krause[J]. Journal of Interactive Marketing,2010:96 - 110.

[72]Chiang I P,Yang S Y. Exploring Users' Information Behavior on Facebook Through Online and Mobile Devices[C]//International Conference on Multidisciplinary Social Networks Research. Springer,Berlin,Heidelberg,2015:354 - 362.

[73]González-Teruel A,Abad-García M F. Information needs and uses:an analysis of the literature published in Spain,1990—2004[J]. Library & information science research,2007,29(1):30 - 46.

[74]Dervin B,Nilan M. Information needs and uses[J]. Annual review of in-

formation science and technology,1986,21:3 - 33.

[75]曹双喜,邓小昭,Cao Shuangxi,et al. 网络用户信息行为研究述略[J]. 情报杂志,2006,25(2):79 - 81.

[76]陆泉,王宝,陈静,Iris Xie. 美国威斯康星大学密尔沃基分校的信息构建实验教学[J]. 图书馆学研究,2014(20):28 - 30.

[77]Mick C K,Lindsey G N,Callahan D. Toward usable user studies[J]. Journal of the American society for Information Science,1980,31(5):347 - 356.

[78]Wilson T D. On User Studies and Information Needs[J]. Journal of Documentation,1981,(1):3 - 15.

[79]Paisley W J. Information Needs and Uses[J]. Annual Review of Information Science and Technology,1986(3):33 - 37.

[80]Abdelmajid Bouazza. Use of Information Sources by Physical Scientists Social Scientists and Humanities Scholars at Carnegie-Mellon Univer sity [Ph. D. diss]. University of Pittsburg,1989.

[81]李欣颖,徐恺英,崔伟. 移动商务环境下 O2O 用户信息行为影响因素研究[J]. 图书情报工作,2015,59(7):23 - 30.

[82]Prahalad C K,Ramaswamy V. Co-opting customer competence[J]. Harvard business review,2000,78(1):79 - 90.

[83]Prahalad C K,Ramaswamy V. The future of competition:Co-creating unique value with customers[M]. Harvard Business Press,2004.

[84]宋圆圆. 大互联时代语境下的用户共创品牌模式研究[J]. 东南传播,2015(6):141 - 144.

[85]Lin C J,Cheng L Y. Product attributes and user experience design:how to convey product information through user-centered service[J]. Journal of Intelligent Manufacturing,2017,28(7):1743 - 1754.

[86]李旭军. 基于交互行为特征的社交网络信息传播研究[D]. 合肥:合肥工业大学,2016.

[87]沙朝锋. 基于信息论的数据挖掘算法[D]. 上海:复旦大学,2008.

[88]郑杨硕,刘诗雨,王昊宸. 信息交互设计的本体特征与评价维度研究[J]. 设计艺术研究,2019 (5):10.

[89]陈恳.人脸深度特征获取及聚类技术研究[D].杭州:浙江工业大学,2017.

[90]魏宏儒.Web 信息语义特征获取技术[D].沈阳:东北大学,2008.

[91]李纲,李显鑫,巴志超,等.微信群信息交流网络中的关键节点识别研究[J].情报理论与实践,2018,41(7):65 - 71.

[92]张海涛,许孝君,宋拓,等.专题:网络信息生态链的形成机理与演进规律研究——商务网络信息生态链概念之内涵与外延解析[J].图书情报工作,2014,58(16):13 - 22.

[93]蒋录全,邹志仁.信息生态学——企业信息管理的新范式[J].图书情报知识,2001(03):3 - 7.

[94]Nardi B A,O'Day V,Valauskas E J. Rotwang's Children:Information Ecology and the Internet[M]//Classification and Knowledge Organization. Springer,Berlin,Heidelberg,1997:371 - 380.

[95]Challet D. Models of Financial Market Information Ecology[M]//Econophysics of Stock and other Markets. Springer,Milano,2006:101 - 112.

[96]Brown S,Hussain F. Information Ecology as a Framework for South-South Cooperation:Case Studies of Rwanda and Bangladesh ICT-Based Health Applications[C]//International Conference on Social Implications of Computers in Developing Countries. Springer,Cham,2017:803 - 808.

[97]Wang X,Guo Y,Yang M,et al. Information ecology research:past,present,and future[J]. Information Technology and Management,2017,18(1):27 - 39.

[98]Pritchard M J,Martel J C. Information system ecology:An application of dataphoric ascendancy[J]. Information Systems,2020,89:101486.

[99]娄策群.信息生态位理论探讨[J].图书情报知识,2006,9(23):23 - 27.

[100]余胜泉,陈莉.构建和谐"信息生态"突围教育信息化困境[J].中国远程教育,2006(5S):19 - 24.

[101]靖继鹏.信息生态理论研究发展前瞻[J].图书情报工作,2009,53(04):5 - 7.

[102]Tansley A. G. The use and abuse of vegetational concepts and terms[J]. Ecology. 1935,16 (3):284 - 307.

[103]王晰巍,赵丹,李嘉兴,等.新媒体环境下网络舆情演化模型及仿真研

究——基于信息生态视角[J].情报学报,2016,35(10):1011-1021.

[104]李美娣.信息生态系统的剖析[J].情报杂志,1998,17(4):3-5.

[105]娄策群,杨小溪,王薇波.信息生态系统进化初探[J].图书情报工作,2009,53(18):26-29.

[106]张海涛,王丹,张连峰,尹慧子.商务网络信息生态链的演化逻辑及演化模型研究[J].图书情报工作,2015,59(18):97-103.

[107]吴应良,陈德美,李成安.一种面向区域一体化的信息服务体系的信息生态系统模型[J].情报杂志,2013,32(6):157-160.

[108]张新明,王振,张红岩.以人为本的信息生态系统构建研[J].情报理论与实践,2007,30(4):531-533.

[109]赵云合,娄策群,齐芬.信息生态系统的平衡机制[J].图书情报工作,2009,53(18):22-25.

[110]王晰巍,靖继鹏,刘明彦,等.电子商务中的信息生态模型构建实证研究[J].图书情报工作,2009,53(22):128-132.

[111]张寒生,岳贤平,张小怡,等.和谐信息生态分析及其构建研究[J].现代情报,2009,29(3):66-70.

[112]娄策群,娄冬,程彩虹.网络信息生态链协同管理概念解析[J].情报科学,2017,35(3):19-23.

[113]娄策群.信息生态链:概念,本质和类型[J].图书情报工作,2007,51(9):29-32.

[114]李北伟,徐越,单既民,等.网络信息生态链评价研究——以淘宝网与腾讯拍拍为例[J].情报理论与实践,2013,36(9):38-42,47.

[115]Leibold M A. The niche concept revisited:mechanistic models and community context[J]. Ecology,1995,76(5):1371-1382.

[116]谢立虹.网络空间中的信息生态问题[J].图书馆,2000(2):11-13.

[117]刘志峰,李玉杰.信息生态位概念、模型及基本原理研究[J].情报杂志,2008(5):28-30.

[118]Jaman S ,Damit N ,Ishak N A ,et al. The Adoption of Social Media as Marketing Tools: Case Small and Medium Enterprises in Brunei Darussalam[J]. International Journal of Asian Business and Information Management (IJABIM),2020,11.

[119]张剑,郭德俊.创造性与环境因素关系的社会心理学理论[J].心理科学,2003(2):263-267.

[120]郭德俊.能力理论与成就动机[J].教师教育研究,1993(3):65-70.

[121]Matschke C,Moskaliuk J,Bokhorst F,et al. Motivational factors of information exchange in social information spaces[J]. Computers in Human Behavior,2014,36:549-558.

[122]彭聃龄.普通心理学[M].北京:北京师范大学出版集团,2004.

[123]魏巍,黄丽霞.基于马斯洛需求层次理论的农民工信息需求分析[J].图书馆学研究,2016(5):58-62.

[124]孙晓军,谢笑春,张凤娟.人格特质,网络交往动机与网络自我表露的关系:基于表露决定模型[C]//心理学与创新能力提升——第十六届全国心理学学术会议论文集,2013.

[125]Forbes D. The achievement Motive[M]// The Science of Why,2015.

[126]Wigfield A,Eccles J S,Schiefele U,et al. Development of achievement motivation[J]. Handbook of child psychology,2007,3.

[127]McFarlane F W. Information technology changes the way you compete[M]. Harvard Business Review,Reprint Service,1984,3:98-103.

[128]谢康,陈禹,乌家培.企业信息化的竞争优势[J].经济研究,1999,70(9):64-71.

[129]白君贵,王丹.大数据视角下企业信息资源整合与价值提升研究[J].情报科学,2018,36(9):73-76.

[130]陈升,刘泽,张楠.企业信息化对创新能力的影响机理实证研究——基于资源观理论视角[J].软科学,2017,31(11):44-48.

[131]梁益琳,张新,李玲玲.信息化和工业化深度融合对企业技术创新的影响——基于系统动力学的分析[J].当代经济,2019(11):22-28.

[132]百度百科.信息[EB/OL].[2019-10-19]. https://baike.baidu.com/item/%E4%BF%A1%E6%81%AF.

[133]新华网.习近平:自主创新推进网络强国建设[EB/OL].[2018-04-21]. http://www.xinhuanet.com/politics/2018-04/21/c_1122719810.htm.

[134]新华网.政府工作报告[EB/OL].[2019-03-17]. http://www.xinhua-

net. com/mrdx/2019 – 03/17/c_137901424. htm.

[135]新华网. 国际 5G 标准正式发布[EB/OL]. [2018 – 06 – 14]. http://www. xinhuanet. com/2018 – 06/14/c_1122987237. htm.

[136]中华人民共和国工业和信息化部. 信息中心发布《2018 中国区块链产业白皮书》[EB/OL]. [2018 – 05 – 21]. http://www. miit. gov. cn/n1146290/n1146402/n1146445/c6180238/content. html.

[137]CNNC. 第 44 次《中国互联网络发展状况统计报告》[EB/OL]. [2019 – 08 – 30]. http://www. cnnic. cn/hlwfzyj/hlwxzbg/hlwtjbg/201908/t20190830_70800. htm.

[138]王晰巍,邢云菲,张柳,等. 社交媒体环境下的网络舆情国内外发展动态及趋势研究[J]. 情报资料工作,2017(4):6 – 14.

[139]徐升华,汤敏倩. 社会化媒体的背景、内涵与辨析——国外研究文献述评[J]. 情报理论与实践,2017(5):28 – 32.

[140]Marchionini G. Human-information interaction research and development [J]. Library & information science research,2008,30(3):165 – 174.

[141]Michael J Albers. Human-Information Interaction with Complex Information for Decision-Making [J]. Informatics,2015,2(2):4 – 19.

[142]Zhao H C,Su C T,Hua Z S. To participate or not to participate in a brand micro-blog:Facilitators and inhibitors[J]. Information Development,2016,32(5):1774 – 1785.

[143]刘晶,李琳,李石君. 基于社交网络大规模行为数据的用户关系研究[J]. 计算机应用与软件,2016(33):38 – 41.

[144]邓胜利. 网络用户信息交互行为研究模型[J]. 情报理论与实践,2015,38(12):53 – 56,87.

[145]孙璐,李力,陶福平. 信息交互能力、价值共创与竞争优势[J]. 研究与发展管理,2016,28(6):101 – 113.

[146]赵丽娟. 社会网络分析的基本理论方法及其在情报学中的应用[J]. 图书馆学研究,2011(20):9 – 12.

[147]Savigny H. Public opinion,political communication and the Internet[J]. Politics,2002,22(1):1 – 8.

[148]王晰巍,邢云菲,赵丹,等.基于社会网络分析的移动环境下网络舆情信息传播研究——以新浪微博"雾霾"话题为例[J].图书情报工作,2015,59(7):14-22.

[149]许缦.基于SICAS模型的移动App营销模式和策略研究[J].经贸实践,2017(24):47-48.

[150]中国经济网.2019中国制造业企业500强发布盈利指标全面好转(榜单)[EB/OL].[2019-09-01].http://www.ce.cn/cysc/newmain/yc/jsxw/201909/01/t20190901_33059926.shtml.

[151]Alexa.The top 500 sites on the web[EB/OL].[2020-03-20].https://www.alexa.com/topsites.

[152]赵康.学术组织社群网络信息交流特征及结构演变[J].图书情报工作,2017,61(14):99-108.

[153]蹇洁,张英培,刘雪艳,等.政务微博网络结构特征研究——以重庆市为例[J].现代情报,2017(7):55-59.

[154]黄开木,樊振佳,卢胜军,等.我国竞争情报领域期刊论文合著网络研究[J].情报杂志,2015(2):142-147.

[155]谭雪晗,涂艳,马哲坤.基于SNA的事故灾难舆情关键用户识别及治理[J].情报学报,2017(3):297-306.

[156]任妮,周建农,戴红君.基于文献计量的国内外信息感知与精细农业研究态势分析[J].情报探索,2017(11):104-113.

[157]王颖.当前接近中心性对关键研发者创造力的影响[J].情报杂志,2016(12):169-174.

[158]武澎,王恒山.基于特征向量中心性的社交信息超网络中重要节点的评判[J].情报理论与实践,2014(5):107-113.

[159]高健.新媒体时代的微信营销策略研究[J].新媒体研究,2016(12):68-69.

[160]裴雷.信息检索过程中的用户交互行为及其影响因素[J].图书情报工作,2007,51(8):42-44.

[161]邓胜利,张敏.交互式信息服务环境及其影响因素分析[J].情报科学,2008,26(3):443-447.

[162]王晰巍,李嘉兴,王铎,韦雅楠.移动新媒体老年用户抵制行为影响因素研

究:基于人-系统交互理论视角的分析[J].情报资料工作,2019(1):81-88.

[163]齐云飞,张玥,朱庆华.信息生态链视角下社会化问答用户的信息交互行为研究[J].情报理论与实践,2018(12):1-7.

[164]杨梦晴,王晰巍,相甍甍,李嘉兴.移动消费用户情境信息共享行为影响因素实证研究——基于信息生态因子视角[J].情报资料工作,2017(4):15-22.

[165]王晰巍,李嘉兴,郭宇等.移动网络团购 App 信息采纳行为影响因素研究——基于信息生态视角的分析[J].图书情报工作,2015 (7):31-38.

[166]Murray S Davis,Mihaly Csikszentmihalyi. Beyond Boredom and Anxiety:The Experience of Play in Work and Games. [J]. Contemporary Sociology,1977,6:197 CrossRef.

[167]孙建军,顾东晓.动机视角下社交媒体网络用户链接行为的实证分析[J].图书情报工作,2014,58(4):71-78.

[168]徐娟,黄奇,袁勤俭.沉浸理论及其在信息系统研究中的应用与展望[J].现代情报,2018,(10):157-166.

[169]费欣意,施云,袁勤俭.D&M 信息系统成功模型的应用与展望[J].现代情报,2018,38(11):161-171.

[170]赵英,范娇颖.大学生持续使用社交媒体的影响因素对比研究——以微信、微博和人人网为例[J].情报杂志,35(1):188-195.

[171]彭爱东,夏丽君.用户感知视角下高校图书馆微服务效果影响因素研[J].图书情报工作,2018,17(6):33-43.

[172]常颖,王晰巍,韦雅楠,王铎.用户跨屏在线信息搜索意愿影响因素研究——基于信息生态视角[J].情报科学,2018(10):122-127.

[173]袁毅.可配置参数的社交体信息质量评价框架研究[J].河北学刊,2019(4):153-158.

[174]孟猛,朱庆华.数字图书馆信息质量,系统质量与服务质量整合研究[J].现代情报,2017,37(8):3-11.

[175]张海,袁顺波,段荟.基于S-O-R理论的移动政务 App 用户使用意愿影响因素研究[J].情报科学,2019(6):126-132.

[176]胡昌平,胡媛,严炜炜.高校数字图书馆服务的用户满意度实证研究[J].

国家图书馆学刊,2013(6):23-32.

[177]沈军威,郑德俊.移动图书馆服务质量优化模式的构建研究[J].图书情报工作,2019(12):52-59.

[178]李宗富,郭顺利.档案微信公众号用户持续使用的理论模型及实证研究[J].档案学研究,2017(2):80-88.

[179]周皓,刘钢.微博用户忠诚度的影响机制分析[J].现代情报,2015(2):154-158.

[180]李晶,卢小莉,李卓卓.学术社区用户沉浸体验的形成动因及其影响机理研究[J].大学图书情报学刊,2017,35(1):3-8.

[181]朱明.高校图书馆用户阅读过程中的沉浸体验研究——构成维度及其作用机制[J].图书馆,2017(1):67-71,78.

[182]欧阳博,刘坤锋.移动虚拟社区用户持续信息搜寻意愿研究[J].情报科学,2017,35(10):152-159.

[183]龚艺巍,王小敏,刘福珍,陈远.基于扎根理论的云存储用户持续使用行为探究[J].数字图书馆论坛,2018(9):29-36.

[184]马丹丹,甘利人,岑咏华.个体认知偏好对知识分级推荐服务的影响研究[J].情报学报,2014,33(7):712-729.

[185]季丹,李武.网络社区临场感对阅读行为的影响机制研究——基于满意度的中介效应分析[J].图书情报工作,2016,60(1):42-46.

[186]Kamal Mohammed Alhendawi,Ahmad Suhaimi Baharudin. The impact of interaction quality factors on the effectiveness of Web-based information system:the mediating role of user satisfaction[J].Cognition,Technology & Work,2014,16(4):451-465.

[187]Park S W,Cho C H,Choi S B. Social multimedia network service quality,user satisfaction,and prosumer activity[J]. Multimedia Tools & Applications,2017,76(16):1-17.

[188]唐莉斯,邓胜利.SNS用户忠诚行为影响因素的实证研究[J].图书情报知识,2012(1):102-108.

[189]李岚冰,吕新艳.大学生群体微信使用意向分析与实证研究[J].情报科学,2016,34(5):100-104.

[190]仇婷,刘岩芳.用户网络使用意愿的关键影响因素分析[J].情报科学,

2018,36(12):118－121.

[191]马费成.数据库信息资源内容质量用户满意度模型及实证研究[J].中国图书馆学报,2013,39(2):85－97.

[192]人民网.习近平在中国共产党第十九次全国代表大会上的报告[EB/OL].[2017－10－28].http://cpc.people.com.cn/n1/2017/1028/c64094-29613660.html.

[193]大数据时代背景下企业管理模式创新策略分析[J].品牌研究,2018(5):265－266.

[194]刘冰,卢爽.基于用户体验的信息质量综合评价体系研究[J].图书情报工作,2011(22):58－61.

[195]刘巧英.用户交互情境下的图书馆微服务评价研究[J].图书馆理论与实践,2019,234(4):94－98.

[196]王晰巍,杨梦晴,邢云菲.移动终端门户网站生态性评价指标构建及实证研究——基于信息生态视角的分析[J].情报理论与实践,2015,38(6):14－18.

[197]邓胜利,赵海平.用户视角下网络健康信息质量评价标准框架构建研究[J].图书情报工作,2017,61(21):30－39.

[198]侯振兴,朱庆华,袁勤俭.基于交互视角的O2O电子商务服务质量评价研究[J].情报科学,2016,34(9):138－144.

[199]Bauer H H,Falk T,Hammerschmidt M. ETransQual:A transaction process-based approach for capturing service quality in online shopping [J]. Journal of Business Research,2006,59(7):866－875.

[200]Parasuraman A,Berry L L,Zeitham V A. SERVQUAL:A multiple-item scale for measuring consumer perceptions of service[J]. Quality Journal of Retailing,1988,64(1):12－40.

[201]Parasuraman A,Zeitham V A,Malhotra A. E-S-Qual:a multiple-item scale for assessing electronic service quality[J]. Journal of Service Research,2005,7(3):213－233.

[202]Yang Z,Jun M. Consumer perception of e-service quality:From purchaser and non purchaseer perspectives[J]. Journal of Business Strategies,2002,19(1):19－41.

[203]梁孟华.基于用户交互的数字图书馆服务评价模型构建与实证检验[J].图书情报工作,2012,30(7):72-78.

[204]梁孟华.面向用户的数字图书馆信息交互服务综合评价实证研究——以武汉大学图书馆文献传递服务综合评价为例[J].图书情报知识,2012(02):57-62,68.

[205]张向先,郑絮,靖继鹏.我国信息生态学研究现状综述[J].情报科学,2008,26(10):1589-1593.

[206]张洋,张磊.网络信息资源评价研究综述[J].中国图书馆学报,2010,36(5):75-89.

[207]Davenport T H,Prusak L. Information Ecology:Mastering the Information and Knowledge Environment[J]. Academy of Management Executive,1997,15(3):86-90.

[208]涂以平.基于知识管理的图书馆绩效评价指标体系研究[J].图书馆学研究,2008(11):20-23.

[209]傅铅生,董岗.企业信息化水平的评价模型[J].商业研究,2003(23):21-24.

[210]谭净.我国高等教育国际化评价原则及核心指标的讨论[J].大学教育科学,2014(6):117-120.

[211]相甍甍,王晰巍,贾若男,王雷.移动商务中消费者个人隐私信息披露风险评价体系[J].图书情报工作,2018,62(18):34-44.

[212]Kshetri N. Big data's impact on privacy,security and consumer welfare[J]. Telecommunications Policy,2014,38(11):1134-1145.

[213]Yoo B,Donthu N. Developing a scale to measure the perceived quality of an Internet shopping site (SITEQUAL)[J]. Quarterly journal of electronic commerce,2001,2(1):31-45.

[214]Jun M,Yang Z,Kim D S. Customers' perceptions of online retailing service quality and their satisfaction[J]. International Journal of Quality & Reliability Management,2004.

[215]杨梦晴,王晰巍,李凤春,相甍甍.基于扎根理论的移动图书馆社群化服务用户参与影响因素研究[J].图书情报工作,2018,62(6):85-92.

[216]毕强.网络环境中信息质量评价研究的开拓与创新——评《网络环境中基

于用户视角的信息质量评价研究》[J].图书情报工作,2017,61(4):138 - 142.

[217]Yang Z,Peterson R T,Cai S. Services quality dimensions of Internet retailing:An exploratory analysis[J]. Journal of Services Marketing,2003, 17(7):685 - 700.

[218]Cai S,Jun M. Internet users' perceptions of online service quality:a comparison of online buyers and information searchers[J]. Managing Service Quality,2003,13(6):504 - 519.

[219]Collier J E,Bienstock C C. Measuring service quality in e-retailing[J]. Journal of service research,2006,8(3):260 - 275.

[220]赵文军,任剑.移动阅读服务持续使用意向研究——基于认知维,社会维, 情感维的影响分析[J].情报科学,2017,35(8):72 - 78.

[221]Earley,Seth. Standards Designed to Improve Information Usefulness [J]. Information Today,2011,28(7):33 - 47.

[222]Swaak M,De Jong M,De Vries P. Effects of information usefulness,visual attractiveness,and usability on web visitors' trust and behavioral intentions [C]//2009 IEEE International Professional Communication Conference. IEEE,2009:1 - 5.

[223]Anggraeni A,Putra S,Suwito B P. Examining the Influence of Customer-to-Customer Electronic Word of Mouth on Purchase Intention in Social Networking Sites [C]//ICEBA 2020:2020 The 6th International Conference on E-Business and Applications. 2020.

[224]徐芳.交互设计与政府网站信息服务优化研究[J].电子政务,2012(4):27 - 33.

[225]孟迪.基于交互体验的产品易用性设计研究[D].福州:福州大学,2017.

[226]周姗楠.如何提升重量级电信软件产品的信息易用性——文档工程师在 易用性方面的独特探索[J].工业设计研究,2016 (0):63.

[227]王晰巍,杨梦晴,邢云菲.移动终端门户网站生态性评价指标构建及实证 研究——基于信息生态视角的分析[J].情报理论与实践,2015,38(6):14 - 18.

[228]胡昌平,周怡.数字化信息服务交互性影响因素及服务推进分析[J].中国

图书馆学报,2008(6):53-57.

[229] Jose Ribamar Siqueira, Enrique ter Horst, German Molina, Mauricio Losada, Marelby Amado Mateus. A Bayesian examination of the relationship of internal and external touchpoints in the customer experience process across various service environments[J]. Journal of Retailing and Consumer Services,2020,53(3):1-12.

[230] Zhao L, Zhang L, Wang D. Exploring the Requirements of Modern Information Service on Librarians[C]//2nd International Conference on Contemporary Education, Social Sciences and Ecological Studies (CESSES 2019). Atlantis Press,2019.

[231] 邓雪,李家铭,曾浩健,等.层次分析法权重计算方法分析及其应用研究[J].数学的实践与认识,2012(7):93-100.

[232] 杨印生,李洪伟.管理科学与系统工程中的定量分析方法[M].吉林:吉林科学技术出版社,2009:114.

[233] 钱忠宝.一种基于模糊数学的评标方法——模糊综合评价法[J].中国招标,2008(4):14-25.

[234] 李国秋.企业资源计划与企业流程重组——现代企业信息管理观的变革[J].情报理论与实践,2002(1):32-34.

[235] 中国政府网.国务院办公厅关于印发国家标准化体系建设发展规划(2016—2020年)的通知[EB/OL].[2015-12-17].http://www.gov.cn/zhengce/content/2015-12/30/content_10523.htm.

[236] 何振,周伟.电子政务信息资源共建共享的基石——信息标准化问题分析[J].情报理论与实践,2005(6):41-44.

[237] 李晓钢,俞立平.政务信息资源建设的关键要素研究[J].电子政务,2010(1):12-16.

[238] The world Economic Forum. World order is going to be rocked by AI-this is how[EB/OL].[2020-02-13].https://www.weforum.org/agenda/2020/02/ai-looks-set-to-disrupt-the-established-world-order-here-s-how/.

[239] 新华网.习近平:推动媒体融合向纵深发展 巩固全党全国人民共同思想基础[EB/OL].[2019-01-25].http://www.xinhuanet.com/politics/

leaders/2019 - 01/25/c_1124044208. htm.

[240]中国政府网.国家广播电影电视总局中华人民共和国信息产业部令[EB/OL].[2007 - 12 - 29]. http://www. gov. cn/ziliao/flfg/2007 - 12/29/content_847230. htm.

[241]中国政府网.中华人民共和国网络安全法[EB/OL].[2016 - 11 - 07]. http://www. gov. cn/xinwen/2016 - 11/07/content_5129723. htm.

[242]中国政府网.国务院办公厅秘书局关于印发政府网站与政务新媒体检查指标、监管工作年度考核指标的通知[EB/OL].[2019 - 04 - 01]. http://www. gov. cn/zhengce/content/2019 - 04/18/content_5384134. htm.